日本語能力試験 JLPT

Japanese-Language Proficiency Test

公式問題集 第二集

N2 level

音声CD・1枚付

 国際交流基金
 日本国際教育支援協会

はじめに

　日本語能力試験は、日本語を母語としない人の日本語能力を測定し認定する試験として、国際交流基金と日本国際教育支援協会が1984年に開始しました。当初、15か国で実施し、約8,000人の応募者でスタートした本試験は、2017年には81の国・地域で実施し、100万人を超える応募者がある、世界最大規模の日本語の試験に成長しました。日本国内においては全都道府県で実施するにいたっています。

　開始から34年の時を経て、試験の活用方法は多様化しました。当初は、主に個人の実力測定や進学の目安として活用されていましたが、現在では、日本の国家試験や出入国管理制度の中で採用されるなど、日本社会の重要な場面において活用されるようになったほか、世界中で様々に活用されています。

　本試験の詳細については、日本語能力試験公式ウェブサイト（www.jlpt.jp）でご覧いただけます。また、2009年には『新しい「日本語能力試験」ガイドブック』と『新しい「日本語能力試験」問題例集』を、2012年には『日本語能力試験公式問題集』を発行しています。そしてこのたび、よりよく試験を知っていただけるよう『日本語能力試験公式問題集 第二集』を発行することといたしました。

　本問題集の構成・内容は次のとおりです。
1．本問題集は、「N1」「N2」「N3」「N4」「N5」の5冊に分かれています。
2．各レベルとも、試験の1回分に相当する問題数で構成されています。
3．試験の練習に使えるよう、問題用紙の表紙と解答用紙のサンプルを掲載しています。
4．「聴解」の試験問題用のCDがついています。また「聴解」の音声を文字にしたスクリプトを掲載しています。
5．実際の試験問題と解答用紙はA4判です。本問題集では実物より縮小してあります。
6．本問題集の試験問題と解答用紙、正答表と聴解スクリプト、CDの音声は、日本語能力試験公式ウェブサイト（www.jlpt.jp）からダウンロードすることができます。

　本書が学習機会の拡大につながり、日本語教育関係者の参考になれば幸いです。

2018年12月

独立行政法人　国際交流基金　　　　公益財団法人　日本国際教育支援協会

目次

1 試験問題 ... 1
- 言語知識（文字・語彙・文法）・読解 ... 3
- 聴解 ... 39
- 解答用紙 ... 54

2 正答表と聴解スクリプト ... 57
- 正答表 ... 58
- 聴解スクリプト ... 60

3 日本語能力試験の概要 ... 77
1. 日本語能力試験について ... 78
2. 日本語能力試験の特徴 ... 79
3. 日本語能力試験のメリット ... 81
4. 認定の目安 ... 83
5. 試験科目と試験（解答）時間 ... 84
6. 試験問題の構成と大問のねらい ... 85
7. 試験科目と得点区分 ... 91
8. 試験の結果 ... 92
9. よくある質問 ... 94

1
試験問題

Language Knowledge (Vocabulary/Grammar)・Reading

問題用紙

N2

言語知識（文字・語彙・文法）・読解

（105分）

注意 Notes

1. 試験が始まるまで、この問題用紙を開けないでください。
   Do not open this question booklet until the test begins.

2. この問題用紙を持って帰ることはできません。
   Do not take this question booklet with you after the test.

3. 受験番号と名前を下の欄（らん）に、受験票と同じように書いてください。
   Write your examinee registration number and name clearly in each box below as written on your test voucher.

4. この問題用紙は、全部で33ページあります。
   This question booklet has 33 pages.

5. 問題には解答番号の 1 、 2 、 3 … が付いています。
   解答は、解答用紙にある同じ番号のところにマークしてください。
   One of the row numbers 1 , 2 , 3 … is given for each question. Mark your answer in the same row of the answer sheet.

受験番号　Examinee Registration Number

名前　Name

問題1 ＿＿＿の言葉の読み方として最もよいものを、1・2・3・4から一つ選びなさい。

[1] 先生に貴重な資料を見せていただいた。
　　1　きじゅう　　2　きちょう　　3　きっじゅう　　4　きっちょう

[2] その話を聞いて、とても怪しいと思った。
　　1　むなしい　　2　くやしい　　3　おかしい　　4　あやしい

[3] 佐藤(さとう)さんは容姿も性格もいい。
　　1　よし　　2　ようし　　3　ようす　　4　よす

[4] これは危険を伴う実験だ。
　　1　はらう　　2　あつかう　　3　ともなう　　4　すくう

[5] 以前は、海外で暮らしたいという願望が強かった。
　　1　がんぽう　　2　げんぽう　　3　がんぽ　　4　げんぽ

問題2 ＿＿＿の言葉を漢字で書くとき、最もよいものを1・2・3・4から一つ選びなさい。

6 友人を家に<u>まねいた</u>。
　　1　伯いた　　　2　招いた　　　3　泊いた　　　4　召いた

7 この商品は安全性が<u>ほしょう</u>されている。
　　1　補証　　　　2　保正　　　　3　保証　　　　4　補正

8 この企業では、さまざまな<u>もよおし</u>を行っている。
　　1　携し　　　　2　催し　　　　3　推し　　　　4　権し

9 銀行に行って、お札を<u>こうか</u>に替えた。
　　1　硬貨　　　　2　固貨　　　　3　硬価　　　　4　固価

10 わが社の商品はここで<u>せいぞう</u>されている。
　　1　製増　　　　2　制増　　　　3　制造　　　　4　製造

問題3 （　　　）に入れるのに最もよいものを、1・2・3・4から一つ選びなさい。

11　男女の結婚（　　　）の違いについて調べた。
　　1　観　　　　2　識　　　　3　念　　　　4　察

12　ここでは（　　　）水準の医療が受けられる。
　　1　頂　　　　2　上　　　　3　高　　　　4　特

13　今日は大学の講義で日本（　　　）の経営について学んだ。
　　1　状　　　　2　類　　　　3　式　　　　4　則

14　開封しても、（　　　）使用の物は返品可能です。
　　1　外　　　　2　否　　　　3　前　　　　4　未

15　受験生なので、勉強（　　　）の毎日だ。
　　1　漬け　　　2　浸し　　　3　溶け　　　4　満ち

問題4 （　　）に入れるのに最もよいものを、1・2・3・4から一つ選びなさい。

16 この大学では一般向けの講座を開き、社会に学習の場を（　　）している。
　1　選出　　　2　提供　　　3　指示　　　4　寄付

17 今年の夏は暑さが厳しく、仕事から家に帰ると疲れて（　　）してしまう。
　1　ぐったり　　2　しっかり　　3　すっきり　　4　ぎっしり

18 学生時代の友人が私の名前を忘れていたので、とても（　　）だった。
　1　アウト　　　2　ダウン　　　3　ショック　　4　エラー

19 通路に荷物を置いたら、通る人の（　　）になりますよ。
　1　面倒　　　2　邪魔　　　3　被害　　　4　無理

20 少し長めの上り坂だったが（　　）ので、それほど疲れなかった。
　1　おとなしかった　　　　2　ささやかだった
　3　なだらかだった　　　　4　よわよわしかった

21 出席者は皆会議に積極的に参加し、意見を（　　）交換し合った。
　1　活発に　　2　円満に　　3　機敏に　　4　濃厚に

22 列に並んでいたら、私の前に強引に（　　）きた人がいて、嫌な気分になった。
　1　当てはまって　2　付け加えて　3　行き着いて　4　割り込んで

問題5 ＿＿＿の言葉に意味が最も近いものを、1・2・3・4から一つ選びなさい。

[23] 高橋さんはとても愉快な人だ。
1 面白い　　2 おしゃれな　　3 親切な　　4 かわいい

[24] それは確かにやむをえないことだと思う。
1 もったいない　2 なさけない　3 つまらない　4 しかたない

[25] 少し息抜きしたほうがいいよ。
1 待った　　2 急いだ　　3 休んだ　　4 働いた

[26] 今日はとてもついていた。
1 気分が悪かった　　　　2 運が悪かった
3 気分がよかった　　　　4 運がよかった

[27] 私はつねに言葉遣いに気をつけている。
1 当然　　2 いつも　　3 特に　　4 できるだけ

問題6　次の言葉の使い方として最もよいものを、1・2・3・4から一つ選びなさい。

28 延長
1　悪天候で列車が運転をやめたため、旅行の出発が三日後に延長された。
2　初めの設計では2階建てだったが、3階建ての家に延長することにした。
3　予定の時間内に結論が出ず、会議が1時間延長されることになった。
4　電車の中で居眠りをして、降りる駅を一駅延長してしまった。

29 さびる
1　暑いところに生ものをずっと置いておいたら、さびて臭くなった。
2　昨夜は雨が相当降ったらしく、普段はきれいな川の水がさびて濁っている。
3　鉢に植えた植物に水をやるのを忘れていたら、花がさびてしまった。
4　この鉄の棒はずっと家の外に置いてあったので、さびて茶色くなっている。

30 目上
1　勉強会に参加した社員がすべて目上だったので、新人の私はとても緊張した。
2　この店で一番値段が高く目上の商品は、店の奥にある棚に並べられていた。
3　高校時代、鈴木さんはとても優秀で、成績はいつも学年で目上だった。
4　あの若さで金賞を受賞した伊藤さんは、本当に目上の人だと思う。

31 大げさ
1　息子の誕生日に料理を作りすぎてしまい、大げさに余ってしまった。
2　天気予報によると、明日は今日より大げさに気温が下がるらしい。
3　努力した結果、試験の成績が大げさに伸びて、先生に褒められた。
4　あの人は小さなことを大げさに言うので、そのまま信じないほうがいい。

32 反省
1　発表の原稿を全部覚えたのに、緊張のせいでどんなに反省しても全く思い出せない。
2　今回の企画では、私の準備不足で周りに迷惑をかけたことをとても反省しています。
3　祖父はいつも若いころの思い出を懐かしそうに反省して私に話してくれる。
4　この機械の使い方を忘れないように、もう一度最初から反省しておきましょう。

文字・語彙

問題7 次の文の（　　）に入れるのに最もよいものを、1・2・3・4から一つ選びなさい。

33 卒業論文がなかなか書けなくて、一時は（　　）かけたが、何とか今日無事に提出することができた。

1　あきらめ　　2　あきらめて　　3　あきらめる　　4　あきらめた

34 子どものころ、母（　　）作ったハンバーグが大好きで、よく作ってもらった。

1　の　　2　との　　3　によって　　4　にとって

35 多様な情報があふれる現代社会（　　）、大切なのは、膨大な情報の中から、自分に必要な情報を選ぶ力である。

1　に加えて　　2　において　　3　を基にして　　4　を込めて

36 作文が得意な友達に「どうやったらうまくなれるの？」と聞いたら、「たくさん書けば（　　）うまくなるよ。」と言われた。

1　必ずしも　　2　たとえ　　3　そのうち　　4　さっき

37 看護師の仕事は夜勤もあって大変だが、自分でこの仕事を選んだ（　　）、がんばって続けたいと思う。

1　以上　　2　とたん　　3　あげくに　　4　かのようで

38 （内線電話で）
山田「はい、山田です。」
木村「受付の木村ですが、X社の中川様が（　　）。」
山田「わかりました。すぐ行きます。」

1　伺いました　　　　　　2　お目にかかりました
3　ございました　　　　　4　お越しになりました

39 人は一生のうちどのくらい寝ているのでしょうか。仮に一日8時間寝て、80歳まで生きる（　　　）。すると、睡眠時間は約233,600時間で、約27年寝ている計算になります。

1　となりました　　　　　　　　2　とします
3　とされていました　　　　　　4　と見られます

40 夢を語る（　　　）誰でもできるが、実現させるのは簡単なことではない。

1　だけでは　　2　だけなら　　3　ためしか　　4　ためには

41 （説明書で）
エアコンを掃除するときは、安全上、必ずコンセントを（　　　）してください。

1　抜いたことを　2　抜いたことが　3　抜いてからに　4　抜いてからは

42 私はスピーチが苦手なのに、今度友達の結婚パーティーでスピーチを（　　　）、困っている。

1　しにくくて
2　してほしくて
3　させてみたくて
4　することになってしまって

43 せっかく、夕日がきれいなことで有名なA海岸に来たのに、急に雨が降り出した。どうも夕日は（　　　）。

1　見えてもしかたない　　　　　2　見られないことだった
3　見られそうにない　　　　　　4　見えないことがあった

44 山川「中村くん、毎日ジョギング（　　　）？」
中村「うん、そうなんだよ。」
山川「実は、ぼくもなんだよ。走るっていいよね。」

1　しない　　2　してもいい　　3　しちゃえば　　4　してるんだって

問題8 次の文の ★ に入る最もよいものを、1・2・3・4から一つ選びなさい。

（問題例）

あそこで ＿＿＿ ＿＿＿ ★ ＿＿＿ は山田さんです。

1　テレビ　　　2　見ている　　　3　を　　　　　4　人

（解答のしかた）

1．正しい文はこうです。

あそこで ＿＿＿＿ ＿＿＿＿ ★ ＿＿＿＿ は山田さんです。
　　　　　1　テレビ　　3　を　　2　見ている　　4　人

2．★ に入る番号を解答用紙にマークします。

（解答用紙）　（例）　① ● ③ ④

[45] 結婚生活を送る ＿＿＿ ＿＿＿ ★ ＿＿＿ 、相手への思いやりの気持ちを持つことだと思う。

1　うえで　　　2　といえば　　　3　大切か　　　4　何が

[46] 就職したときに ＿＿＿ ＿＿＿ ★ ＿＿＿ とうとう壊れたので、買い換えることにした。

1　ずっと　　　2　買って以来　　3　かばんが　　4　使っていた

[47] 登山には不思議な魅力がある。登っているときはこんなに ＿＿＿ ＿＿＿ ★ ＿＿＿ なぜかまた登りたくなる。

1　思うのに　　　　　　　　　　2　二度としたくないと
3　苦しいことは　　　　　　　　4　山を下りて何日かすると

48 彫刻家川村たけるが作る動物の彫刻作品は、形はシンプル ＿＿＿ ＿＿＿ ＿＿＿ ★ 生命力にあふれている。

1　動き出し　　2　そうな　　3　ながら　　4　今にも

49 ビジネスで成功できる人とできない人との違いは、どんなに大変な状況でもあきらめずに ＿＿＿ ＿＿＿ ＿＿＿ ★ と思う。

1　かどうか　　2　取り組める　　3　にある　　4　最後まで

問題9　次の文章を読んで、文章全体の内容を考えて、 50 から 54 の中に入る最もよいものを、1・2・3・4から一つ選びなさい。

以下は、雑誌のコラムである。

日本発のトイレマーク

　公衆トイレの入り口に描かれている男女の絵のマーク。そのマークがあれば、文字で「トイレ」と書かれていなくても、そこがトイレであることがわかる。世界のあちこちで使われているこのトイレマークが実は日本で生まれたものだということを 50 。

　トイレマークが生まれたのは、1964年の東京オリンピックがきっかけだ。この東京オリンピックは、アルファベットを使わない国での初めての開催であったため、特に問題になったのが、言葉の壁だった。当時、日本国内の案内板は「お手洗い」などと日本語で書かれているものがほとんどだった。 51 、それでは世界90数か国から来日する選手たちに理解してもらえない。かといって、参加国すべての国の言葉で書くわけにもいかない。そこで、案内板作成者たちは、あらゆる国の選手が理解できるよう、絵で表すことを考えた。 52 、トイレマークなのだ。

　そのほかにも、食堂、シャワー、公衆電話等の施設や設備を表すマークや、水泳、バレーボール等の競技を表すマークも作られた。競技を表すマークは、この東京オリンピックで初めて全面的に導入され、高い評価を受けた。そして、その後のオリンピックでもデザインを変えながら毎回 53 。

　トイレマークに代表されるように、東京オリンピックをきっかけに日本で生まれたマークが、言葉の壁を越え、今や新たなコミュニケーション手段として、世界に広がっている。それは、あらゆる人にわかりやすくという思いが世界に届いた 54 。

50

1　ご存じなわけだ　　　　　　2　ご存じだろうか

3　ご存じのようだ　　　　　　4　ご存じだからだろう

51

1　それに　　　2　しかし　　　3　または　　　4　それどころか

52

1　作成者が理解したのは　　　2　日本で考えられたのが

3　ここに生み出したのは　　　4　こうして生まれたのが

53

1　使用されている　　　　　　2　使用した点だ

3　使用していける　　　　　　4　使用したいものだ

54

1　結果として表れるかもしれない　　2　結果のはずだった

3　結果に違いない　　　　　　4　結果でなければならなかった

問題10 次の(1)から(5)の文章を読んで、後の問いに対する答えとして最もよいものを、1・2・3・4から一つ選びなさい。

(1)

　「ルール」はなぜあるのでしょうか？

　スポーツを理解するために最初に確認(かくにん)しておきますが、〝スポーツは人間が楽しむためのもの〟です。これが出発点です。決して「世の中に無ければならないモノ」でもなければ、生きるためにどうしても「必要なモノ」でもありませんが、楽しむためのモノであり、その〝スポーツで楽しむ〟ために「ルール」があるのです。

　そして、ルールのもとで勝敗を競いますが、このことが楽しくないのであれば、スポーツをする価値はありません。

（高峰修『スポーツ教養入門』岩波書店による）

55 筆者の考えに合うのはどれか。

1　ルールのないスポーツにも価値がある。
2　ルールはスポーツで楽しむためのものだ。
3　スポーツはルールを理解してから始めるべきだ。
4　スポーツを通して、ルールの重要さが理解できる。

(2)

以下は、ある会社の社内文書である。

平成28年1月12日

社員各位

総務課長

暖房使用についてのお願い

　本格的な冬を迎え、暖房の使用が増加しており、12月の電気代は前月に比べて約30%増となりました。節電のため、室内温度は22度以下に設定するとともに、使用していない場所の暖房を切ること、退社時の切り忘れをなくすことなどを徹底してください。

　また、服装で調整するなど各自で工夫し、暖房に頼りすぎないようご協力をお願いいたします。

---

[56] この文書を書いた、一番の目的は何か。

1　暖房の使用を減らす工夫について意見を求める。
2　暖房を使用せず、服装で調整することを求める。
3　暖房を無駄に使用しないことを求める。
4　暖房の温度を変更しないことを求める。

(3)

　実は「やりたいことをやる」ためには、シンプルに間近の目標を達成していくだけで十分だと思います。「いつか大きな仕事を成し遂げたい」と思っていても、実際にそれがどんなものかはわかりようがないし、本当に自分が望んでいるものが何なのかもわかりません。

　それより「目の前のやりたいこと」を見つけ、それに集中できるようなプログラムを組んでいけば、自然に「自分のやっていること」が「自分の望んでいること」に近づいていく可能性が高いような気がします。

(榊原英資『榊原式スピード思考力』幻冬舎による)

(注) 成し遂げる：達成する

[57] 筆者の考えに合うのはどれか。

1　「やりたいことをやる」には、大きな目標を立てることが大切だ。
2　「自分の望んでいること」を知れば、今何をすべきかがわかるようになる。
3　「自分のやっていること」が「自分の望んでいること」だと気づくことが大切だ。
4　「目の前のやりたいこと」を続ければ、それが「自分の望んでいること」になり得る。

(4)

以下は、コーヒー豆の販売会社から届いたはがきである。

189-6715

東京都橋谷市南 3-15-8-302

マリア・スミス 様

――― 割引フェアのご案内 ―――

　いつも「野田コーヒー」をご愛飲くださいまして、ありがとうございます。
　コーヒー豆を定期購入(こうにゅう)されているお客様に、お得な割引フェアについてご案内いたします。
　当社ではこの冬、新商品「冬の味わい」を発売します。定期購入(こうにゅう)をされているお客様には、この商品を15%割引の特別価格でご提供(ていきょう)いたします。購入を希望される方は、10月中にご予約ください。
　なお、すでにご案内しておりますとおり、定期購入(こうにゅう)をされているお客様は、その他の全商品がいつでも10%割引でお求めいただけます。あわせてご利用ください。
　商品の詳細・ご注文方法につきましては、裏面をご覧ください。

58 このはがきで紹介されている割引サービスについて正しいものはどれか。

1　コーヒー豆を定期購入している人は、10月中だけ「冬の味わい」を10%割引で買うことができる。

2　コーヒー豆を定期購入している人が10月中に「冬の味わい」を予約すれば、15%割引で買うことができる。

3　「冬の味わい」を10月中に予約すれば、その他の商品をすべて15%割引で買うことができる。

4　「冬の味わい」を買った人は、10月中だけその他の商品をすべて10%割引で買うことができる。

(5)

どういう日が「いい一日」であるかは人によって異なるだろうが、日記を書き続けることで、自分にとっての「いい一日」というものの構成要件(注)がわかってくる。どうすれば「いい一日」になるかがわかってくるということだ。そうなれば「いい一日」がたまたま訪れるのをただ待つのではなく、「今日」が「いい一日」になるように、「今日はいい一日だった」と日記に書けるように、主体的に行動するようになるだろう。

(大久保孝治『日常生活の探究―ライフスタイルの社会学』左右社による)

(注)構成要件：構成するのに必要な条件

59　筆者によると、日記を書き続けるとどうなるか。

1　毎日を「いい一日」にしようとするようになる。

2　毎日が「いい一日」だと思えるようになる。

3　「いい一日」が訪れるのを楽しみにするようになる。

4　「いい一日」をいつまでも忘れないようになる。

問題11 次の(1)から(3)の文章を読んで、後の問いに対する答えとして最もよいものを、1・2・3・4から一つ選びなさい。

(1)

　日本ではよく、「若者はもっと個性を発揮すべきだ」とか、「個性を磨くべきだ」などと言われます。けれど私は、そういう言葉にはあまり意味がないと思っています。

　また、日本では「個性」という言葉が主に人の外観に関して使われることにも、私は違和感(注1)を持っています。たとえば、「個性的なファッション、個性的なヘアスタイル」は、「人がアッと驚くような奇抜な(注2)スタイル」であることが多いでしょう。

　（中略）

　このように考えると、「個性＝人より目立つこと」と、多くの人が錯覚(注3)しているのではないかと思います。

　でも、根本的なことを言ってしまえば、この世に生まれた人間は一人残らず全員、それぞれの個性を持っています。だから、誰かに「磨きなさい」と命令されて、義務のように磨く必要などないのです。

　あなたが生まれ持った個性は、明らかにあなただけのものです。世界中に、あなたと同じ個性を持つ人など誰一人としていないのですから、「他の人はどうかな？」とキョロキョロすることは不必要だし、他人の真似をする必要もありません。真似しようとしても真似できないのが、個性というものなのです。

　あなた自身が「楽しい、面白い、不思議だ、ワクワクする、ドキドキする」と感じ、心から求めているものを優先すれば、それでいいのです。「磨く」とか「発揮する」などと意識しなくても、自分が本当に好きなもの、興味があることに気持ちが向かっていけば、自分の世界がどんどん広がっていく。それが本当の意味で「個性を磨く」ということです。

(今北純一『自分力を高める』岩波書店による)

（注1）違和感：ここでは、なにか違うという感じ
（注2）奇抜な：珍しくて目立っている
（注3）錯覚する：勘違いする

[60] 日本人が使う「個性」という言葉について、筆者はどのように述べているか。

1 本来の意味とは違う使い方がされている。
2 意味がないと思っている人が多い。
3 主に若者に対して使われている。
4 人によって使い方がさまざまだ。

[61] 個性について、筆者の考えに合うものはどれか。

1 他人には理解できないものである。
2 人より目立つことで発揮できるものである。
3 人間なら誰でも持っているものである。
4 ファッションを通して主張できるものである。

[62] 筆者によると、本当の意味で「個性を磨く」とはどのようなことか。

1 自分の心に従って、関心があることを追い求めること
2 自分が好きかどうかより、個性的に見られるかどうかを優先すること
3 周囲の意見を参考に、無理なく自分の世界を広げること
4 どんな物事にも、楽しさや面白さを見つける努力をすること

(2)

　「話し言葉」の最も重要な特徴は、声を使うところにあるのではなく、聞き手が目の前にいるというところにあります。話し手と聞き手は、親しい関係の場合もあれば、初対面の人、行きずりの人(注1)の場合もありますが、少なくとも両者は、そこがどんな場所で、どんな状況であるかについて、一定の共通認識(注2)を持っています。同時に、相手がどういう人であるかについても、ある程度はわかります。

　（中略）

　ところが「書き言葉」になると、たとえ親しい相手への手紙でも、あちこちで説明が必要になります。自分しか読まないはずの覚え書きでも、時間がたつと書かれた状況がわからなくなりますから、「あとで読み返すかもしれない自分」への最低限の配慮(注3)はしておかなくてはなりません。説明するというのは、「自分には言葉にしなくてもわかっていること」を、わざわざ言葉にする作業ですから、とてもやっかいです。でも、そこがきちんとできていないと、誤解が生じて取り返しのつかない(注4)結果になることもありえます。面とむかって(注5)の話なら、相手が気を悪くすれば急いで謝ることもできますが、手紙だと、怒らせたことに気づかないまま関係が切れる恐れすらあるのです。

　ですから、「書き言葉」においては、文字の読み書きという知識に加えて、自分が書いたものを読む相手がどんな情報を必要としているかを推測する(注6)力、そして、その情報を、どんな言い方、どんな順序で提供すれば、わかってもらいやすく、誤解が生じにくいかを考える力が、いかに(注7)大きな意味を持つかがわかっていただけると思います。

（脇明子『読む力が未来をひらく―小学生への読書支援』岩波書店による）

（注1）行きずりの人：たまたま出会った人
（注2）認識：理解
（注3）配慮：気配り
（注4）取り返しのつかない：もとに戻せず大変な
（注5）面とむかって：対面して
（注6）推測する：ここでは、想像する
（注7）いかに：どんなに

[63] 筆者によると、「話し言葉」の重要な特徴とは何か。

1 話し手と聞き手が声を使って情報を共有するところ
2 話し手と聞き手の関係が多様であるところ
3 話し手が聞き手との親しさによって表現を使い分けるところ
4 話し手が聞き手と場面を共有するところ

[64] 誤解が生じてとあるが、どのような時に誤解が生じるのか。

1 読み手に必要な情報を十分に説明していない時
2 読み手が理解していることを再び説明してしまった時
3 自分のために書いたものを相手に送ってしまった時
4 気を悪くした相手にきちんと謝らなかった時

[65] 「書き言葉」について、筆者の考えに合うのはどれか。

1 相手がどのような情報を必要としているのかを調べることが大切だ。
2 何をどのように書けば相手が理解できるかを考えることが大切だ。
3 言い方や順序よりも文字と言葉の正確さを優先させたほうがいい。
4 読み書きの知識よりも書く内容を重視したほうがいい。

(3)
　従来、旅行業にとって顧客を喜ばせることは難しくなかった。自分の行ったことがないところに行きたい、見たことがないものを見たい、食べたことのないものを食べたいというのが主なニーズであったし、長い休みの存在自体が旅行の動機になり得たからだ。だから参加者の多くは、そこに行って、そこそこの観光ができれば、十分に満足した。旅行会社は、価格を抑えるために人々を大量に効率良く送客すればよかった。北海道や沖縄、グアムやハワイ、アジアのリゾート地……場所の魅力を繰り返し伝えて刺激し続ければそれでよかった。

　しかし、そうして多くの人がさまざまな場所に出掛けるようになると、今度はただ行くだけでは満足しなくなる。目的が必要になる。行ってどうするのか、何ができるのかという目的が重要になる。（中略）

　この流れは現在も続いており、旅の動機づけとしては重要な視点となっている。ただ、残念ながらそういうことをマスとしてとらえることが、価値観の多様化のなかで難しくなってきている。個々の目的を一つに束ねてマスの企画にすることが難しいのだ。ブームが発生しづらくなっている状況と原因は同じであろう。

（近藤康生『なぜ、人は旅に出るのか』ダイヤモンド社による）

（注1）従来：これまで
（注2）顧客：客
（注3）そこそこの：まあまあの
（注4）効率良く：ここでは、経費や時間をかけずに
（注5）マス：集団

66 筆者によると、これまでの旅はどのようなものだったか。

1　高くても遠い場所でのんびり過ごせればよかった。
2　経験したことのないことができればよかった。
3　気に入った場所に繰り返し行ければよかった。
4　近くて安い場所に短期間行ければよかった。

[67] 筆者によると、客は旅で何を重視するようになってきたか。

1　一回の旅行でさまざまな場所へ行けるかどうか

2　観光するだけで満足できるかどうか

3　行ってしたいことができるかどうか

4　新しい場所へ行けるかどうか

[68] 筆者によると、旅行会社が難しいと感じている点は何か。

1　個々のニーズに合った団体旅行を考え出すこと

2　魅力を感じてもらえる場所を探し続けること

3　旅行に行こうという気持ちにさせること

4　価格を抑えた団体旅行を企画すること

問題12 次のAとBの文章を読んで、後の問いに対する答えとして最もよいものを、1・2・3・4から一つ選びなさい。

A

　公立の図書館では、利用者へのサービス向上のために、人気の高い本を複数冊置くことが増えている。本が複数冊あれば、同時に多くの利用者に貸し出せて、予約待ちの期間も短くできる。

　このような図書館の姿勢に対して、予算は限られているのだから買える本の種類が少なくなってしまうのではないかと心配する声もある。しかし、借りたい本がなかなか借りられない図書館では利用者は満足しないだろう。公立の図書館は、多くの人々に読書のきっかけを与え、本を読む楽しさや喜びを感じてもらうようにする役割を持っている。図書館に同じ本を複数冊置くことは、その役割を果たすための一つの方法だといえる。

B

　最近公立の図書館では人気の高い本を複数購入（こうにゅう）しているそうだ。有名な作家の小説などが対象らしい。流行の本を早く読みたいという利用者の希望に応えようとする図書館の気持ちは理解できる。しかし、どうしても早く読みたければ自分で買えばいいのだから、図書館がそのために多くの予算を使う必要はない。

　税金で運営されている公立図書館の存在意義は、学問的に価値のある本や手に入りにくい本など、さまざまな種類の本を一冊でも多くそろえていることだ。書店にない本でも図書館に行けば読めるというのが本来の姿だろう。同じ本を多く買うことによってその役割が果たせなくなったら、利用者に対するサービスの低下につながるといえる。

[69] 公立図書館が人気のある本を複数冊置くことについて、AとBはどのように述べているか。

1　AもBも、利用者の希望を重視しすぎていると述べている。
2　AもBも、利用者へのサービス向上につながると述べている。
3　Aは予算が足りなくなると述べ、Bは図書館の存在意義が失われると述べている。
4　Aは利用者の満足度が高くなると述べ、Bは予算の使い方として適切でないと述べている。

[70] 公立図書館の役割について、AとBはどのように述べているか。

1　AもBも、利用者の教養を高めることだと述べている。

2　AもBも、読書が好きな人を増やすことだと述べている。

3　Aは利用者に読書に親しんでもらうことだと述べ、Bは貸し出す本の多様性を確保することだと述べている。

4　Aは利用者が読書を楽しめる環境を作ることだと述べ、Bは書店よりも新しい本をそろえることだと述べている。

問題13 次の文章を読んで、後の問いに対する答えとして最もよいものを、1・2・3・4から一つ選びなさい。

以下は、あるデザイナーの書いた文章である。

　私のアイディアのもとは、自分の生きてきた道の中にすべて詰まっているのだ、というふうに思っています。いままで生きてきた中で、感動したことを現代に持ち帰ってくる。過去の中で感動したことをコピーして、それをデザインしているのです。アイディアはいつも人から、時代からもらう。自分で考え出すことは少ないのです。
　私は、感動したときのシーンはよく覚えています。色も匂いも形も光も季節も、そのときの景色も、そのときその場に誰がいたかも、何を食べたかも、思い出の中に鮮明に刻み込まれています。感動すると、それくらい記憶装置が自動的に働いて、すべてを映し込んでいるのです。

　　　（中略）

中学の頃のこと、高校のあのとき、社会人になったときのこと、妻と旅をしたときの情景などいろいろなシーンが思い出されて、それを遡って切り取りにいくわけです。
　けれどもそれが、もやーっとしたものだと切り取れない。なぜ、もやーっとするかと言えば、心の底から感動していないからです。しっかり感動していないと、持ち帰れないのです。
　感動は、自分の力だけでなく、親の力だったり、友だちの力だったり、ほかの人の力によってもつくられています。子どものときから大事に育てられたとか、自分を包んでくれる街がきちっと大人たちによって美しく保たれていたとか、そういう周囲の力でつくられている場合もあるわけです。
　そうした感動の思い出を大切に持ち帰ってきて、いまあるものとコラボレーションすると、新商品が生まれます。そういう意味では、まるっきりの新商品なんてあり得ません。アイディアはいつも、そんな過去の「感動の森」の中から探し出してくるものなのです。
　いい思い出がたくさんあるかどうか、いい人に会ったかどうか、美味しいものを食べたかどうか。そういうヒト・コト・モノとのよき思い出の引き出しをどれだけ持っているかによって、アイディアの湧き出る量は変わるのです。

　　　（水戸岡鋭治『あと1％だけ、やってみよう―私の仕事哲学』集英社インターナショナルによる）

(注1) もやーっとした：はっきりしない
(注2) コラボレーションする：ここでは、組み合わせる
(注3) まるっきりの：全くの
(注4) 湧き出る：ここでは、生まれてくる

71 感動したことを現代に持ち帰ってくるとは、どのようなことか。
1 感動したシーンを人に語る。
2 感動した記憶をデザインに生かす。
3 過去に流行したデザインをコピーする。
4 人が感動したことからデザインのヒントをもらう。

72 感動について、筆者の考えに合うのはどれか。
1 感動は周囲の力でしかつくられない。
2 感動したことは年を取るにつれて思い出せなくなる。
3 周囲の力でつくられた感動は記憶に残りやすい。
4 心の底から感動したことは鮮明な思い出となる。

73 アイディアについて、筆者はどのように考えているか。
1 記憶力が強いほど、アイディアが生まれやすくなる。
2 他人の力を上手に利用することで、アイディアが商品につながる。
3 感動した思い出が豊富であるほど、多くのアイディアが生まれる。
4 感動をヒト・コト・モノに分けて考えると、いいアイディアが生まれる。

問題14 右のページは、あるホテルのホームページに載っている案内である。下の問いに対する答えとして最もよいものを、1・2・3・4から一つ選びなさい。

74 ユンさんは、来週ミハマホテルのビュッフェに行きたいと考えている。金曜か土曜の12時から17時の間で、2時間いられるものがいい。ユンさんの希望に合うビュッフェはどれか。

1 「ベルン」のランチビュッフェ
2 「ベルン」のデザートビュッフェ
3 「ベルン」の夕食ビュッフェ
4 「みよし」のランチビュッフェ

75 エンリケさんは、今度の土曜日に妻と一緒にレストラン「ベルン」の夕食ビュッフェに行き、「窓際特別テーブル」を利用したい。エンリケさんは63歳、妻は66歳である。エンリケさんたちの料金はどのようになるか。

1 エンリケさん6,000円、妻6,000円のみ
2 エンリケさん6,000円、妻6,000円、テーブル料金1,000円
3 エンリケさん6,000円、妻5,500円、テーブル料金1,000円
4 エンリケさん5,500円、妻5,000円、テーブル料金1,000円

ミハマホテル

ビュッフェのご案内

レストラン「ベルン」および「みよし」では、以下のビュッフェをご用意しております。お好みの料理を食べ放題でお楽しみください。

ベルン（洋食）

◆ランチ　11:30～14:00　（制限時間90分）

料金			
（平日）	おとな 3,300円	シニア 3,000円	こども 1,700円
（土日・祝日）	おとな 4,000円	シニア 3,700円	こども 2,000円

◆デザート　15:00～17:00　（制限時間60分）

料金			
（平日）	おとな 2,500円	シニア 2,200円	こども 1,500円
（土日・祝日）	おとな 3,000円	シニア 2,700円	こども 1,800円

◆夕食　18:00～21:00　（制限時間2時間）

料金			
（平日）	おとな 5,500円	シニア 5,000円	こども 2,000円
（土日・祝日）	おとな 6,000円	シニア 5,500円	こども 2,500円

"窓際特別テーブル"のご案内
　レストラン「ベルン」では、海が見渡せる窓際の特別席をご用意しております。最高の眺めとともにビュッフェをお楽しみください。ビュッフェ料金に、1テーブル（2～4名様）1,000円の追加料金でご利用いただけます。

みよし（和食）

◆ランチ　11:00～16:00　（制限時間2時間）

土日・祝日のみ

料金　おとな 4,500円　シニア 4,200円　こども 2,200円

※ビュッフェ料金の区分について（ベルン・みよし共通）
　おとな…中学生から64歳までのお客様
　シニア…65歳以上のお客様
　こども…4歳から小学生までのお子様（3歳以下のお子様は無料です。）

ご予約・お問い合わせ
　ベルン 031-277-1116（直通）　／　みよし 031-277-1119（直通）

Listening

問題用紙

N2

聴解

(50分)

注意 Notes

1. 試験が始まるまで、この問題用紙を開けないでください。
   Do not open this question booklet until the test begins.

2. この問題用紙を持って帰ることはできません。
   Do not take this question booklet with you after the test.

3. 受験番号と名前を下の欄に、受験票と同じように書いてください。
   Write your examinee registration number and name clearly in each box below as written on your test voucher.

4. この問題用紙は、全部で13ページあります。
   This question booklet has 13 pages.

5. この問題用紙にメモをとってもかまいません。
   You may make notes in this question booklet.

受験番号　Examinee Registration Number	

名前　Name	

もんだい
問題 1

問題1では、まず質問を聞いてください。それから話を聞いて、問題用紙の1から4の中から、最もよいものを一つ選んでください。

例

1 先生にメールで聞く
2 友達にメールで聞く
3 研究室の前のけいじを見る
4 りょうの前のけいじを見る

1番

1 先週の会議の記録を作成する
2 調査結果を入力する
3 林さんに電話をする
4 プレゼンのしりょうを作成する

2番

1 2000円
2 1000円
3 900円
4 100円

3番

1 ちゅうりんじょうで張り紙を見る
2 大学でしんせいしょのじゅんびをする
3 市役所にしんせいしょを取りに行く
4 市役所でがくせいしょうをコピーする

4番

1 インターネットで店をさがす
2 木村さんに道具を借りる
3 アウトドア用品の店で道具を買う
4 初心者向けのこうざに参加する

5番

1 工場の かんりのじょうきょうを 調べる
2 けいやくのうかに じょうきょうを聞く
3 運送会社にじょうきょうを聞く
4 そうこの ほぞんじょうきょうを 調べる

もんだい
問題2

問題2では、まず質問を聞いてください。そのあと、問題用紙のせんたくしを読んでください。読む時間があります。それから話を聞いて、問題用紙の1から4の中から、最もよいものを一つ選んでください。

例

1　友達とけんかしたから
2　かみがたが気に入らないから
3　試験があるから
4　頭が痛いから

1番

1 近所で起こった事件について調べるため
2 さいがい時のひなん場所を知らせるため
3 どこにだれが住んでいるのか知るため
4 たんとうちいきの住民にあいさつするため

2番

1 きんちょうして落ち着きがなかったこと
2 話の進め方が適当でなかったこと
3 声が小さくて聞き取りにくかったこと
4 質問への対応がよくなかったこと

3番

1 スタッフの数がそろっていないから
2 店の工事が間に合わないから
3 メニューが決まっていないから
4 注文した食器がとどいていないから

4番

1 考え事をするため
2 頭の中を整理するため
3 のうを休めるため
4 体をリラックスさせるため

5番

1 すぐに社会に役立つ研究が少ないこと
2 産業界の協力が得られなくなること
3 実用化までに時間がかかりすぎること
4 きそ研究がじゅうしされなくなること

6番

1 電気をつけておく時間が設定できる
2 動くものに反応して電気がつく
3 電気の明るさが細かくちょうせつできる
4 外の明るさに応じて電気の明るさが変わる

もんだい
問題 3

問題 3 では、問題用紙に何もいんさつされていません。この問題は、全体としてどんな内容かを聞く問題です。話の前に質問はありません。まず話を聞いてください。それから、質問とせんたくしを聞いて、1 から 4 の中から、最もよいものを一つ選んでください。

― メモ ―

問題4

問題4では、問題用紙に何もいんさつされていません。まず文を聞いてください。それから、それに対する返事を聞いて、1から3の中から、最もよいものを一つ選んでください。

― メモ ―

問題5

問題5では、長めの話を聞きます。この問題には練習はありません。
問題用紙にメモをとってもかまいません。

1番、2番

問題用紙に何もいんさつされていません。まず話を聞いてください。それから、質問とせんたくしを聞いて、1から4の中から、最もよいものを一つ選んでください。

― メモ ―

3番
まず話を聞いてください。それから、二つの質問を聞いて、それぞれ問題用紙の1から4の中から、最もよいものを一つ選んでください。

質問1
1 北中通り
2 大川通り
3 上田通り
4 山下通り

質問2
1 北中通り
2 大川通り
3 上田通り
4 山下通り

日本語能力試験 解答用紙

N2 言語知識（文字・語彙・文法）・読解

受験番号 Examinee Registration Number

名前 Name

〈ちゅうい Notes〉
1. くろいえんぴつ（HB、No.2）でかいてください。
   Use a black medium soft (HB or No.2) pencil.
   （ペンやボールペンではかかないでください。）
   (Do not use any kind of pen.)
2. かきなおすときは、けしゴムできれいにけしてください。
   Erase any unintended marks completely.
3. きたなくしたり、おったりしないでください。
   Do not soil or bend this sheet.
4. マークれい Marking Examples

よいれい Correct Example	わるいれい Incorrect Examples
●	⊘ ◎ ⊖ ○ ◐

問題 1

1	①	②	③	④
2	①	②	③	④
3	①	②	③	④
4	①	②	③	④
5	①	②	③	④

問題 2

6	①	②	③	④
7	①	②	③	④
8	①	②	③	④
9	①	②	③	④
10	①	②	③	④

問題 3

11	①	②	③	④
12	①	②	③	④
13	①	②	③	④
14	①	②	③	④
15	①	②	③	④

問題 4

16	①	②	③	④
17	①	②	③	④
18	①	②	③	④
19	①	②	③	④
20	①	②	③	④
21	①	②	③	④
22	①	②	③	④

問題 5

23	①	②	③	④
24	①	②	③	④
25	①	②	③	④
26	①	②	③	④
27	①	②	③	④

問題 6

28	①	②	③	④
29	①	②	③	④
30	①	②	③	④
31	①	②	③	④
32	①	②	③	④

問題 7

33	①	②	③	④
34	①	②	③	④
35	①	②	③	④
36	①	②	③	④
37	①	②	③	④
38	①	②	③	④
39	①	②	③	④
40	①	②	③	④
41	①	②	③	④
42	①	②	③	④
43	①	②	③	④
44	①	②	③	④

問題 8

45	①	②	③	④
46	①	②	③	④
47	①	②	③	④
48	①	②	③	④
49	①	②	③	④

問題 9

50	①	②	③	④
51	①	②	③	④
52	①	②	③	④
53	①	②	③	④
54	①	②	③	④

問題 10

55	①	②	③	④
56	①	②	③	④
57	①	②	③	④
58	①	②	③	④
59	①	②	③	④

問題 11

60	①	②	③	④
61	①	②	③	④
62	①	②	③	④
63	①	②	③	④
64	①	②	③	④
65	①	②	③	④
66	①	②	③	④
67	①	②	③	④
68	①	②	③	④

問題 12

69	①	②	③	④
70	①	②	③	④

問題 13

71	①	②	③	④
72	①	②	③	④
73	①	②	③	④

問題 14

74	①	②	③	④
75	①	②	③	④

解答用紙

日本語能力試験 解答用紙

N2 聴解

受 験 番 号
Examinee Registration Number

名 前
Name

〈ちゅうい Notes〉
1. くろいえんぴつ (HB、No.2) でかいてください。
   Use a black medium soft (HB or No.2) pencil.
   (ペンやボールペンではかかないでください。)
   (Do not use any kind of pen.)
2. かきなおすときは、けしゴムできれいにけしてください。
   Erase any unintended marks completely.
3. きたなくしたり、おったりしないでください。
   Do not soil or bend this sheet.
4. マークれい Marking Examples

よいれい Correct Example	わるいれい Incorrect Examples
●	⊘ ⊙ ◐ ○ ◑

問題 1

問				
例	①	②	●	④
1	①	②	●	④
2	①	②	③	④
3	①	②	③	④
4	①	②	③	④
5	①	②	③	④

問題 2

問				
例	①	●	③	④
1	①	②	③	④
2	①	②	③	④
3	①	②	③	④
4	①	②	③	④
5	①	②	③	④
6	①	②	③	④

問題 3

問				
例	①	②	③	●
1	①	②	③	④
2	①	②	③	④
3	①	②	③	④
4	①	②	③	④
5	①	②	③	④

問題 4

問			
例	①	●	③
1	①	②	③
2	①	②	③
3	①	②	③
4	①	②	③
5	①	②	③
6	①	②	③
7	①	②	③
8	①	②	③
9	①	②	③
10	①	②	③
11	①	②	③
12	①	②	③

問題 5

問				
1	①	②	③	④
2	①	②	③	④
3	(1)	①	②	③	④
	(2)	①	②	③	④

正答表と聴解スクリプト

2

正答表

● 言語知識（文字・語彙・文法）・読解

問題1

1	2	3	4	5
2	4	2	3	1

問題2

6	7	8	9	10
2	3	2	1	4

問題3

11	12	13	14	15
1	3	3	4	1

問題4

16	17	18	19	20	21	22
2	1	3	2	3	1	4

問題5

23	24	25	26	27
1	4	3	4	2

問題6

28	29	30	31	32
3	4	1	4	2

問題7

33	34	35	36	37	38	39	40	41	42	43	44
1	1	2	3	1	4	2	2	3	4	3	4

問題8

45	46	47	48	49
3	4	1	2	3

問題9

50	51	52	53	54
2	2	4	1	3

問題10

55	56	57	58	59
2	3	4	2	1

正答表

問題 11

60	61	62	63	64	65	66	67	68
1	3	1	4	1	2	2	3	1

問題 12

69	70
4	3

問題 13

71	72	73
2	4	3

問題 14

74	75
4	3

●聴解

問題 1

例	1	2	3	4	5
3	1	2	2	4	3

問題 2

例	1	2	3	4	5	6
2	3	2	1	2	4	1

問題 3

例	1	2	3	4	5
4	2	1	3	1	2

問題 4

例	1	2	3	4	5	6	7	8	9	10
1	2	3	2	1	3	1	2	2	2	1

11	12
1	3

問題 5

1	2	3 (1)	3 (2)
3	1	3	1

聴解スクリプト

(M：男性　F：女性)

問題1

例
授業で先生が話しています。学生は授業を休んだとき、どのように宿題を確認しますか。

M：ええと、この授業を休むときは、必ず前の日までに連絡してください。
F：メールでもいいですか。
M：はい、いいですよ。あ、それから、休んだときは、私の研究室の前の掲示を見て、宿題を確認してください。友達に聞いたりしないで、自分で確かめてちゃんとやってきてくださいね。
F：はい。
M：それから、今日休んだ人、リンさんですね、リンさんは、このこと知りませんから、だれか伝えておいてくれますか。
F：あ、私、リンさんに伝えておきます。同じ寮ですから。
M：じゃ、お願いします。

学生は授業を休んだとき、どのように宿題を確認しますか。

1番
会社で課長と男の人が話しています。男の人はこのあと何をしますか。

F：ちょっといい？
M：はい、課長。
F：今、林さんから電話があって、お子さんが熱を出して今日は会社を休むそうなの。それで、悪いんだけど、先週の会議の内容を代わりにまとめてもらえない？　明日の会議で使うから、今日の昼までにお願いしたいんだけど。前もやったことあるよね。
M：あ、はい。ただ、午前中にその作業が入ると、今やってる調査結果の入力が、今日中には終わらなくなってしまいますが。
F：ああ、じゃ、今してもらってるほうは、ほかの人にお願いしましょう。
M：分かりました。作業の詳細は、林さんに電話で確認したほうがいいですか。
F：あ、パソコンにある共有フォルダーに途中まで作業したのが入っていて、見れば分かるそ

うだから。
M：はい、分かりました。
F：この前も、ほかの人が休んだときに、プレゼンの資料を作ってもらったよね。申し訳ないけど、よろしくね。
M：はい。

男の人はこのあと何をしますか。

2番
駅の改札口で女の人と駅員が話しています。女の人は、今ここでいくら払いますか。

F：すみません。切符をなくしてしまって。山川駅から乗ったんですが。よく探したんですけど、見つからなくて。
M：もう一度、乗車券を購入していただくことになります。
F：あのう、全額払わなければなりませんか。
M：はい。山川駅からですと、1,000円ですね。
F：でも、確かに切符を買ったんですが。2,000円も払うことになっちゃうんですけど。
M：同じ切符を2回買っていただくことになってしまいますが、そういう規則ですので。申し訳ありません。
F：そうですか。
M：今から、切符を再発行したという証明書をお出ししますので、なくされた乗車券が出てきましたら、どちらの駅でもけっこうですので、証明書とその乗車券をご提示ください。そうしましたら、乗車料金から払い戻しの手数料分100円を差し引いた900円をご返金しますので。
F：分かりました。

女の人は、今ここでいくら払いますか。

3番
大学で男の学生と女の学生が話しています。男の学生はこのあとまず何をしますか。

M：あ、中野さん、中野さんって大学の最寄駅の駐輪場借りて、大学まで自転車で来てるよね。僕も駅前の駐輪場を借りたいんだけど、どうやって申請するか教えてくれない？
F：うん。でも申請の締め切りって毎月二十日だから、今日締め切りだよ。

M：え、ほんと？

F：うん。駐輪場に張り紙がしてあったの見たよ。

M：そうなんだ。今日4時半まで授業あるのにどうしよう。申し込みは駐輪場の受け付けでするの？

F：ううん、市役所。窓口は5時までだから、申請書を用意して予め記入しておけば、ぎりぎり間に合うんじゃない？

M：でも、申請書は、市役所に取りに行かないとだめなんだよね？

F：市役所のホームページからもダウンロードできるよ。午後の授業が始まるまでまだ時間あるから、印刷して、すぐ提出できる状態にしておいたら？

M：うん、そうする。申請書のほかに必要な書類ってある？

F：学生証のコピーがいるんだけど、それは、市役所でコピーすればいいよ。

M：分かった。

男の学生はこのあとまず何をしますか。

4番

女の人と男の人が話しています。女の人はこのあとまず何をしますか。

F：木村さん、夏休みに家族でキャンプに行きたいんですが、初めてなんで、道具とかどうしたらいいか分からなくて。木村さんはよく行かれるんですよね。何かアドバイスいただけませんか。

M：うーん、最近はインターネットにいろんな情報が載ってるから、まずはネットで調べてみたら？

F：そう思って調べてみたんですけど、情報が多すぎてよく分からなかったんです。

M：そっか。僕のを貸してあげてもいいんだけど一人用のだからな。

F：そうですか。

M：あ、アウトドア用品の専門店が企画してるキャンプの講座があるんだけど、お店、紹介しようか。初めての人対象で、キャンプのベテランがいろいろ教えてくれるよ。

F：へえ。でも、それに出たら、その店でキャンプの道具を買わされたりしないですか。

M：まあ、宣伝も兼ねてるんだろうけど、無理やりなんてことはないよ。

F：それならいいですね。じゃ、そうします。

女の人はこのあとまず何をしますか。

5番

会社で男の人と女の人が話しています。女の人はこれから何をしなければなりませんか。

M：うちのお茶の葉の品質管理のことで、調べてほしいことがあって。実は、市場に出る前でよかったんだけど、一部の製品の質が通常より悪いことが分かってね。

F：えっ、そうなんですか。

M：いつもと香りが違っていて。それで、うちの部が中心となって、可能性のあるところを調べて原因を特定することになったんだ。

F：そうですか。どこをあたりましょうか。工場からでしょうか。

M：工場のほうは、気温や湿度などの管理の状況を調べてもらったところ、特に問題はなかったんだよ。

F：では、生産者側への確認ですか。うちが契約している農家に問い合わせましょうか。

M：うん、それは生産地に近い支社の担当者が対応することになっているんだ。それより、農家から工場までの輸送は外部に頼んでるだろう。どのように運んでいたか、向こうの会社の担当者に確認してもらいたいんだよ。暑い時期だしね。

F：分かりました。あ、うちの倉庫で製品を保存しているうちにってことも考えられますか。そちらの状況も調べたほうがいいでしょうか。

M：ありがとう。そこは私がやるから。

F：はい。では、すぐ取りかかります。

女の人はこれから何をしなければなりませんか。

問題2

例
母親と高校生の女の子が話しています。女の子はどうして学校へ行きたくないのですか。

F1：どうしたの？ 朝からためいきばっかり。だれかとけんかでもしたの？
F2：それはもういいの、仲直りしたから。それより、見てよ、この前髪。
F1：まあ、また、思い切って短くしたわね。
F2：こんなんじゃ、みんなに笑われちゃうよ。ねえ、今日学校休んじゃだめ？
F1：だめに決まってるでしょ。そんなこと言って、本当は今日の試験、受けたくないんでしょ。
F2：違うよ、ちゃんと勉強したんだから。そんなことより、ああ、鏡見るだけで頭痛くなりそう。

女の子はどうして学校へ行きたくないのですか。

1番
男の学生と女の学生が話しています。男の学生のうちに警察官が来た目的は何ですか。

M：この前、突然うちに警察官が訪ねてきたんだよ。
F：えっ、近くで何か事件でもあったの？
M：うん、僕もそう思ったんだ。一人暮らしですか、一緒に住んでる家族はいますかって聞かれて。何か疑われてるのかなって。
F：うんうん。
M：そしたらね、火事とか、何か災害があったときに住民の無事を確認する必要があるから、定期的にそういうのを聞いて回ってるんだって。
F：ああ、そういうとき、どこに、だれが住んでるか分かってないとね。
M：うん、警察の人が来るなんてびっくりしたって正直に伝えたら、ほかにも、地域の担当警官が替わったときに、あいさつに回ったりすることもあるって。
F：え、警察官があいさつに来るの？ 知らなかった。

男の学生のうちに警察官が来た目的は何ですか。

聴解スクリプト

2番

研究会で学生と先生が話しています。先生はこの学生の研究発表について何が問題だったと言っていますか。

F：先生、先ほどの私の発表、何か問題があったでしょうか。先生渋いお顔をされていたので。
M：私の表情まで見えてましたか。初めてにしては、大したもんだ。落ち着いてた証拠だね。
F：いえ、そんなことは。すごく緊張しました。
M：まあ、全体的には合格点と言えるんだけどね、話の運び方が。まずは全体像、そのあとで調査の方法とか結果とか、詳細へと進めるといいよ。聞いている人にとっては初めて聞く話なんだから、ああやって細かいところから伝えられるとね。
F：はい。
M：でもまあ、発表のときの声の大きさも適当だったし、受けた質問への対応も好感が持てたし、なかなかのものだったよ。
F：あ、はい。次からはご指摘いただいた点、気をつけます。

先生はこの学生の研究発表について何が問題だったと言っていますか。

3番

男の人と女の人が話しています。女の人はどうしてカフェの開店を延期することにしましたか。

M：前田さん、来週、カフェをオープンするんだよね。どう？　順調？
F：んー、従業員募集してるんだけど、必要人数に達してなくて。夕方から夜にかけて勤務できる人が必要なんだけどね。先月までは店の工事が随分遅れてて心配したんだけど、そっちは何とか間に合ったのに。そういうわけで、結局、オープン、1か月先になったんだ。
M：え、ほんと？　でもまあ、焦って開店してサービスの評判落とすより、延期してでもちゃんと準備したほうがいいよ。あ、メニューは決まった？　前に、どんなメニュー出すか悩んでただろ？
F：うん。完成した。食事のメニューも充実してるから、オープンしたら、食べに来て。あ、食器も凝ってるんだよ。飲むカップによって、おいしさが変わってくるなんてことも言われるでしょ。ほとんどの食器、海外から取り寄せたんだ。
M：海外から食器を？　すごいな。オープン、楽しみにしてるよ。

女の人はどうしてカフェの開店を延期することにしましたか。

聴解スクリプト

4番

大学で休み時間に男の学生と女の学生が話しています。女の学生はどうしてぼんやりしていましたか。

M：森さん、さっきからずっとぼんやりして、何か考え事？

F：あ、うん。あのね、昨日テレビで、ぼんやりすることにはすごい効果があるって紹介してたんだ。5分くらい目を閉じて何も考えないでぼんやりしてると、頭の中の情報が整理されて記憶が定着しやすくなるっていう実験結果があってね。

M：へえ、ぼんやりしてるときは脳が休んでるんじゃないの？

F：そう思うでしょ？ところが脳は活発に働いてるんだって。私、さっきの授業で山ほど知識詰め込んで、ごちゃごちゃになってるから、早速ぼんやりを実践しようとしてたんだ。

M：あ、じゃ、邪魔しちゃったね。

F：ううん。あ、そういえば、疲れてるときなんかにこれやると、すっきりして体がリラックスするとも言ってたな。

M：へえ。僕も今度やってみるよ。

女の学生はどうしてぼんやりしていましたか。

5番

テレビでアナウンサーと大学の教授が話しています。教授が大学の研究で心配しているのは、どんなことですか。

F：今日は物理学の青木教授に大学での研究が抱える問題についてお話を伺います。

M：私は、大学で40年研究・教育に取り組んでいます。かねてから、大学の研究はすぐに社会に役立つものが少ないと批判を受けることがあります。

F：ええ。

M：もちろん科学は最終的に人の役に立つものであるべきです。昨今では、産業界の協力を得て、応用技術の開発や実用化が比較的短い期間で可能になりました。が、本来、大学の使命というのは基礎研究にあります。

F：基礎研究というのは木の根っこのようなものですね。

M：ええ。そこをしっかりやってこそ、さまざまな応用、科学の発展へと繋がっていくんです。根っこが枯れてしまっては、取り返しがつきません。社会や産業界からすぐに役立つ研究、より早い実用化が求められるのも分かりますが、大学の本来の使命が見失われてしまうことに、私は大変危機感をもっています。

教授が大学の研究で心配しているのは、どんなことですか。

6番
照明器具の店で店員が新しい商品について話しています。この商品にはどんな機能がありますか。

M：こちらの照明は防犯を意識したものです。タイマーをセットすれば、室内の電気のオンオフが普段と同じ時間にできるので、旅行などで家を空けても、外から留守だと分かりません。防犯用照明というと、これまでは、例えば人の動きに反応してつくものなど、屋外の照明に限られ、こういった室内用のものはありませんでした。最近の室内照明は、明るさを細かく調節できたり、外の明るさに応じて自動的に電気の明るさを変える機能があったりと、省エネをアピールしたものが主流ですが、こちらの商品は特定のニーズにこたえたものと言えますね。

この商品にはどんな機能がありますか。

問題3

例
テレビでアナウンサーが通信販売に関する調査の結果を話しています。

F：皆さん、通信販売を利用されたことがありますか。買い物をするときは店に行って、自分の目で確かめてからしか買わないと言っていた人も、最近この方法を利用するようになってきたそうです。10代から80代までの人に調査をしたところ、「忙しくて買いに行く時間がない」「お茶を飲みながらゆっくりと買い物ができる」「子供を育てながら、働いているので、毎日の生活になくてはならない」など多くの意見が出されました。

通信販売の何についての調査ですか。
1．利用者数
2．買える品物の種類
3．利用方法
4．利用する理由

聴解スクリプト

1番
ラジオで男の人が話しています。

M：えー、和紙、伝統的な日本の紙ですね、その和紙の専門店に最近、行ったんですけど、そこにきれいな折り紙の作品が飾ってあったんですよ。折り紙は、千年ほど前、和紙を使って、贈り物を美しく包装するために、折り方を工夫することから始まったそうです。そして、和紙が安く生産されるようになると、一枚の和紙からさまざまな形を生み出す遊びとして子供たちの間でも人気が出て、折り方の本も出版されるようになりました。近代になると、幼稚園などの教育現場にも取り入れられ、今も広く親しまれています。

男の人は何について話していますか。
1．和紙で物を美しく包む方法
2．折り紙の始まりと歴史
3．教育現場に折り紙が取り入れられた理由
4．和紙ができるまでの流れ

2番
会社の企画部の会議で女の人が話しています。

F：先月、20歳代から50歳代の働く女性を対象に「ストレスと香り」に関するアンケート調査を行ったんですが、「何らかのストレスを感じる」と答えた人のほうが、「香り」を重視してシャンプーを購入していました。えー、それから以前よりも、仕事を持つ女性のストレスが増えているということも分かりました。そこで、新しい商品作りにはこの結果を取り入れ、リラックス効果の高い香りがするシャンプーという方向で進めていくのがいいと思います。ストレス解消を求める働く女性にアピールしていけば、販売数の上昇に繋がるのではないでしょうか。

女の人は何について話していますか。
1．調査結果に基づく商品開発の方向性
2．働く女性に対する調査の方法
3．シャンプーの販売実績
4．新商品のストレス解消への効果

聴解スクリプト

3番

子育て教室で男の人が話しています。

M：この中には初めてお子さんを育てるという方もいらっしゃるでしょう。子供が成長する過程で、絵本は欠かせないものです。赤ちゃんがまだ言葉が分からないうちは、ストーリーを理解できないから絵本は無理だと思う方も多いかもしれませんが、初めは色や形や音のリズムが面白いものなら、興味を持つはずです。赤ちゃんが成長するにつれて、あいさつや生活のマナーなどが学べるものを取り入れていくといいですね。さらに理解力が高くなってきたら、わくわく、どきどきするようなストーリーのあるものを親子で一緒に楽しんでみたらいかがでしょうか。

男の人は何について話していますか。
1. 子育てにおける絵本の役割
2. 子供が絵本を好きな理由
3. 成長に応じた絵本の選び方
4. 絵本におけるストーリーの重要性

4番

ラジオで女の人が話しています。

F：健康のためには、毎日の運動が必要だと分かっていても、なかなか続けられない方も多いと思います。でも、毎日の過ごし方を少し変えるだけで、軽いスポーツをするのと同等の効果が得られるそうなんです。じっとしている時間を30分減らす。その程度で十分です。これなら、ちょっと気分を変えて、テレビを見る代わりに近所を散歩する、友人と喫茶店で話す代わりにウインドーショッピングを楽しむなど、日ごろしていることを少し見直すだけでできそうですよね。

女の人は何について紹介していますか。
1. 日常生活に運動を取り入れる工夫
2. スポーツの楽しみ方
3. 無駄な時間をなくす工夫
4. 気分転換のしかた

5番

小学校で先生が児童の親たちに話しています。

M：もうすぐ夏休みです。海水浴や山登りなど、いろいろな計画を立てていらっしゃると思います。ただ、毎年休みの間に、海や山など出掛けた先で怪我をする子供がいます。楽しい夏休みが台無しにならないよう、遊ぶときのルールを子供と一緒に決めるようにしてください。例えば、海であれば、泳ぐ前に体操すること、沖に流されないよう、砂浜に近いところで遊ぶことなどを約束するといいでしょう。いずれにしても大切なことは、ご両親が子供の行動を見守ることです。どうぞよろしくお願いします。

先生は何について話していますか。
1. 夏休み中の学校行事の予定
2. 夏休みを安全に過ごすための注意点
3. 怪我をしたときの対処法
4. 海や山で守るべきマナー

問題4

例

F：今日ちょっと、残って仕事してってもらえない？

M：1. 今日ですか。はい、分かりました。
　　2. すみません、今日遅くなったんです。
　　3. 残りは、あとこれだけです。

1番

F：トムさん、よかったら、今日の夕食うちにおいでになりませんか。

M：1. ええと、何時に来られますか。
　　2. え、伺ってもよろしいんですか。
　　3. 今日はうちにはおりませんが。

2番
M：駅前の、あの人気のレストラン、昨日行ってみたけど、味は期待したほどじゃなかったよ。

F：1. えー、期待してなかったのに？
　　2. ああ、だから込んでるんだね。
　　3. へえ、なんで人気があるんだろう。

3番
F：部長、社内アンケート、山田さんを除いて全員から回答を得ました。

M：1. 山田さん、回答早いな。
　　2. 山田さん、答えてないの？
　　3. 山田さんが全員分集めたんだね。

4番
F：佐藤さん、日曜のバイト、私と時間代わってもらうわけにいかない？

M：1. 別に、かまいませんけど。
　　2. え、代わってませんけど。
　　3. 僕、お願いしてませんけど。

5番
M：昨日初めて劇場で芝居見たんだけど、また行きたくてたまらないんだ。

F：1. 何がたまってないの？
　　2. また行っちゃったの？
　　3. そんなに感動したの？

6番
M：課長、プリンター、修理に出したんですが、もう買い替えるしかないって言われました。

F：1. じゃ、新しいの買わなきゃね。
　　2. 買い替える必要ないってこと？
　　3. それなら、修理してもらおう。

聴解スクリプト

7番

M：キムさん、レポート、チェックしたよ。ここの数字さえ直せば、問題ないよ。

F：1．数字のほかはどこですか。
　　2．すぐに、訂正します。
　　3．何も問題がなくて安心しました。

8番

F：この会議室、壁の色変えたせいか、広く見えるんじゃない？

M：1．分かりました。そうしてみます。
　　2．ほんと、変えて、正解ですね。
　　3．色のせいで広く見えないんですか。

9番

F：このアパート、この間取りと設備でこの家賃。言うことなしだね。

M：1．ほんと、家賃がちょっとね。
　　2．こんないい条件ほかにないよね。
　　3．それじゃ、諦めようか。

10番

M：今週は仕事のスケジュールがぎっしりで、嫌になっちゃうよ。

F：1．忙しそうだけど、無理しないようにね。
　　2．まだスケジュールが決まらないの？
　　3．今週は仕事が少ないんだね。

11番

M：僕スキーするの、今日5年ぶりですよ。できるかな。

F：1．5年なら体が覚えてますよ。
　　2．今日から5年もできないんですか。
　　3．5年間も続けてるなんてすごいですね。

12番

F：所長、事務所の防災グッズ確認したら、足りないものだらけです。

M：1．ああ、足りないものはなかったんだね。
　　2．あ、一つだけ足りなかったの？
　　3．え、足りないもの、そんなにあった？

問題5

1番

大学で男の学生と職員が話しています。

M：すみません、アルバイトを紹介してもらいたいんですが。お客さんと接する仕事がいいんですが、どんなのがあるか教えていただけませんか。時給はできたら900円以上で、週三日までで探してるんですけど。
F：ええと、条件に近いものが四つありますよ。まず、これですね。大学正門前のコンビニです。時給850円で、週三日。早朝と深夜は時給が100円高くなるそうです。それから、大学の前の大通り沿いのガソリンスタンドですね。時給1,200円です。ただ、土日を含めて週四日以上勤務できる人が希望だそうです。
M：どちらもお客さん相手なのはいいですね。
F：あと、大学から駅に行く途中にあるレストランでも募集していますよ。時給1,100円。調理の補助をまれに頼まれることもあるそうですが、基本的には注文を取ったり、料理を出したりする仕事で、週二日来てほしいそうです。
M：キッチンの仕事もたまにならいいかな。
F：えー、それから、駅前のデパートでのアルバイト。売り場には出ないで商品を発送する仕事になりますが、勤務日数が自由に決められますし、時給1,300円と高いのが魅力だと思いますよ。
M：うーん、直接お客さんとやり取りできる仕事で、できるだけ時給が高いのがいいです。クラブ活動などもあって、勤務日は増やせないから、これにします。

男の学生はどのアルバイトを選びますか。

1. コンビニ
2. ガソリンスタンド
3. レストラン
4. デパート

2番

環境問題を学ぶ学生3人が、授業でのグループ発表について話しています。

F1：今度の「サクラガエルを守る地域の活動」についてのグループ発表だけど、昨日の練習だと、10分以内に収まりそうになかったよね。どうしよっか。
M ：前半で「カエルが減っている現状」について説明しておいて、後半で写真を見せながら「カエルを守る活動の重要性」について話す構成なのに、後半、時間が足りなくなっちゃったよね。後半で見せる写真を少し減らそうか。
F2：そうしたら、活動の様子が伝わりにくいことはない？
M ：そっか。
F2：前半の「減っている現状」については、少し省けるところがあると思ったけど。
F1：例えば？
F2：説明で似たような内容を繰り返しているから、そこをカットするとか。
F1：なるほどね。ほかにはないかな。
F2：そうだな。前半の発表は私の担当だけど、昨日は少しゆっくりしゃべりすぎたかな。少し速めに話そうか。
F1：話し方で調整か。
M ：それか「活動の重要性」について話す前に「地域の学校でどんな活動が行われてるでしょう」ってクイズを入れてるよね。あれをなくせば、後半の時間が確保できるんじゃない？
F1：いや、聞いている人に興味を持ってもらうために、あれはいい工夫だと思うよ。
F2：うん、私もそう思う。
F1：じゃ、話すスピードは、今より速くすると聞きにくくなっちゃうと思うから、やっぱり現状のところを整理しよう。

発表の時間を短くするためにどう変更することにしましたか。
1. 前半の説明を短くする
2. 前半を速めに話す
3. クイズをやめる
4. 後半の写真を減らす

3番
町の市民講座で、交通安全についての説明を聞いて、夫婦が話しています。

M1：今日は、街の交通安全について考えたいと思います。グループに分かれて問題になっている地域の現状を見に行き、そのあと、対策を話し合いますので、一つ選んでください。まず、北中通りです。駅前の大通りで、歩道に自転車が多く止められていて、歩きにくいと苦情が寄せられています。次は、運動公園沿いの大川通りです。週末、公園の利用者の車が駐車場に入りきらず、通りに駐車するため問題になっています。次の上田通りは、近くに小学校があり、児童が通学で利用しています。しかし、歩道が狭く、安全を心配する声が上がっています。最後の山下通りは商店街です。自転車の通行量が多く、歩行者が安心して買い物できる対策が求められています。

M2：どこにする？　この前、公園の近くを歩いてたら、確かに道路に駐車している車が多かったな。
F ：うん。でも、親としては、子供が毎日登校や下校に使う道路の安全のほうが心配じゃない？
M2：そうだね。僕もそっちのほうが心配だな。
F ：じゃ、決まり。一緒に行こう。
M2：あ、でも僕、自転車の問題も気になってるんだ。通勤で急いでいるとき、迷惑なんだよ。
F ：あ、商店街でしょ。私も自転車とぶつかりそうになったことあるよ。
M2：僕が言ってるのはそこじゃないよ。朝とか人通りが多いときに、歩道に置いてあると邪魔なんだよね。僕は、そっちを見に行くよ。
F ：分かった。じゃ、別々に見に行こう。

質問1．女の人は、どこを見に行きますか。

質問2．男の人は、どこを見に行きますか。

3

日本語能力試験の概要

1. 日本語能力試験について
2. 日本語能力試験の特徴
3. 日本語能力試験のメリット
4. 認定の目安
5. 試験科目と試験（解答）時間
6. 試験問題の構成と大問のねらい
7. 試験科目と得点区分
8. 試験の結果
9. よくある質問

１ 日本語能力試験について

　日本語能力試験は、日本語を母語としない人の日本語能力を測定し認定する試験として、国際交流基金と日本国際教育支援協会が 1984 年に開始しました。
　試験は日本国内そして世界各地で、1 年に 2 回、一斉に実施しています。2017 年は、日本では 47 都道府県で、海外では 80 の国・地域の 239 都市で実施しました。

日本語能力試験の実施都市（2017 年）

　文化庁の「平成 29 年度国内の日本語教育の概要」によると、国内の日本語学習者数は過去最高の約 23 万 9 千人になりました。また、国際交流基金の「2015 年度海外日本語教育機関調査」によると、海外の日本語学習者数は同年に 365 万人となっています。
　日本語能力試験は、世界最大規模の日本語の試験で、2017 年には国内約 33 万人、海外約 69 万人、合計で約 102 万人が応募しました。

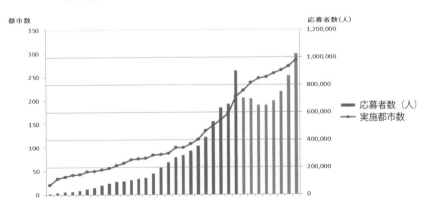

日本語能力試験の応募者数と実施都市数（国内、海外合計）

❷ 日本語能力試験の特徴

ポイント1　課題遂行のための言語コミュニケーション能力を測ります

　日本語能力試験では、①日本語の文字や語彙、文法についてどのくらい知っているか、ということだけでなく、②その知識を利用してコミュニケーション上の課題を遂行できるか、ということも大切だと考えています。私たちが生活の中で行っている様々な「課題」のうち、言語を必要とするものを遂行するためには、言語知識だけでなく、それを実際に利用する力も必要だからです。そこで、この試験では、①を測るための「言語知識」、②を測るための「読解」、「聴解」という3つの要素により、総合的に日本語のコミュニケーション能力を測っています。

　大規模試験のため、解答は選択枝※1によるマークシート方式で行います。話したり書いたりする能力を直接測る試験科目はありません。

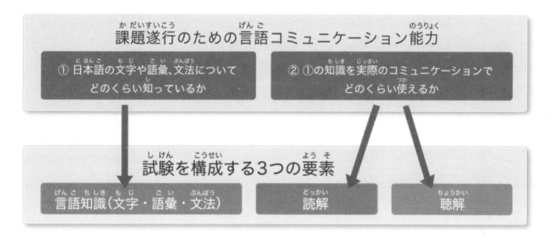

ポイント2　5段階のレベルから、自分に合ったレベルが選べます

　日本語能力試験には、5段階(N1、N2、N3、N4、N5)のレベルがあります。できるだけきめ細かく日本語能力を測るために、試験問題はレベルごとに作られています。

　N4とN5では、主に教室内で学ぶ基本的な日本語がどのくらい理解できているかを測ります。
N1とN2では、現実の生活の幅広い場面で使われる日本語がどのくらい理解できるかを測ります。
N3は、N4、N5からN1、N2への橋渡しのレベルです。

　各レベルの詳しい説明は、「❹ 認定の目安」を見てください。

※1　本書では、日本テスト学会での使用例にしたがって、「選択肢」ではなく「選択枝」という用語を使っています。

ポイント3　尺度得点で日本語能力をより正確に測ります

　異なる時期に実施される試験では、どんなに慎重に問題を作成しても、試験の難易度が毎回多少変動します。そのため、試験の得点を「素点」（何問正解したかを計算する得点）で出すと、試験が難しかったときと易しかったときとでは、同じ能力でも違う得点になることがあります。そこで、日本語能力試験の得点は、素点ではなく、「尺度得点」を導入しています。尺度得点は「等化」という方法を用いた、いつも同じ尺度（ものさし）で測れるような得点です。

　尺度得点を利用することで、試験を受けたときの日本語能力をより正確に、公平に、得点に表すことができます。

ポイント4　「日本語能力試験 Can-do 自己評価リスト」を提供しています

日本語能力試験Can-do自己評価リスト（JLPT Can-do）「聞く」

このリストは、「日本語能力試験の各レベルの合格者が、日本語でどんなことができると考えているか」を、受験者の自己評価調査の結果に基づいてまとめたものです。
日本語能力試験のシラバス（出題内容）ではありません。また、合格者の日本語能力を保証するものではありません。日本語能力試験が測る日本語能力や出題内容については、「認定の目安」等を参照してください。
このリストは、受験者やまわりの方々が「このレベルの合格者は日本語を使ってどんなことができそうか」というイメージを作るための参考情報としてご活用いただくことができます。

		N1	N2	N3	N4	N5
1	政治や経済などについてのテレビのニュースを見て、要点が理解できる。					
2	最近メディアで話題になっていることについての会話で、だいたいの内容が理解できる。					
3	フォーマルな場（例：歓迎会）でのスピーチを聞いて、だいたいの内容が理解できる。					
4	思いがけない出来事（例：事故など）についてのアナウンスを聞いてだいたい理解できる。					
5	仕事や専門に関する問い合わせを聞いて、内容が理解できる。					
6	関心あるテーマの講義や講演を聞いて、だいたいの内容が理解できる。					
7	学校や職場の会議で、話の流れが理解できる。					
8	関心あるテーマの議論や討論で、だいたいの内容が理解できる。					
9	身近で日常的な内容のテレビ番組（例：料理、旅行）を見て、だいたいの内容が理解できる。					
10	身近で日常的な話題（例：旅行の計画、パーティーの準備）についての話し合いで、話の流れが理解できる。					

　試験の得点や合否判定だけでは、実際の生活で日本語を使って具体的に何ができるのかがわかりません。そこで、日本語能力試験では、試験の結果を解釈するための参考情報として「日本語能力試験 Can-do 自己評価リスト」を提供しています。

　2010年と2011年の日本語能力試験の受験者、約65,000人に対して、「日本語でどんなことができると考えているか」についてのアンケート調査を行いました。そして、その結果を統計的に分析して、リストを作成しました。

　このリストは、受験者やまわりの方々が「このレベルの合格者は日本語を使ってどんなことができそうか」というイメージを作るための参考情報としてご活用いただくことができます。

　「日本語能力試験 Can-do 自己評価リスト」について、詳しくは日本語能力試験公式ウェブサイト <www.jlpt.jp> を見てください。

③ 日本語能力試験のメリット

日本語能力試験の認定には、学校での単位・卒業資格認定や、企業での優遇、社会的な資格認定など、さまざまなメリットがあります。

(1) 日本の出入国管理上の優遇措置を受けるためのポイントがつきます

「高度人材ポイント制による出入国管理上の優遇制度」で、日本語能力試験N1の合格者は15ポイント、N2の合格者は10ポイントがつきます。ポイントの合計が70点以上の場合に、出入国管理上の優遇措置が与えられます。

詳しくは法務省入国管理局ホームページを見てください。

(2) 日本の医師等国家試験を受験するための条件のひとつです

海外において医師等の免許を持っている人が、日本の医師等の国家試験を受験するためには、日本語能力試験N1の認定が必要です。

医師等国家試験の受験資格認定について、詳しくは厚生労働省ホームページを見てください。

― 日本語能力試験N1が受験資格になっている、医師等国家試験 ―
医師、歯科医師、看護師、薬剤師、保健師、助産師、診療放射線技師、歯科衛生士、歯科技工士、臨床検査技師、理学療法士、作業療法士、視能訓練士、臨床工学技士、義肢装具士、救命救急士、言語聴覚士、獣医師

(3) 日本の准看護師試験を受験するための条件のひとつです

海外の看護師学校養成所を卒業した人が、日本の准看護師試験を受験するためには、日本語能力試験N1の認定が必要です。

准看護師試験は都道府県ごとに行われています。詳しくは受けたい都道府県に確認してください。

(4) 日本の中学校卒業程度認定試験で一部の試験科目の免除が受けられます

外国籍等の受験者の場合、日本語能力試験N1かN2の合格者は、国語の試験が免除されます。

詳しくは文部科学省ホームページを見てください。

(5) EPA（経済連携協定）に基づく看護師・介護福祉士の候補者選定の条件のひとつです

EPA（経済連携協定）に基づき、インドネシア、フィリピン、ベトナムから来日する看護師・介護福祉士の候補者は、日本語能力試験N5程度（インドネシア、フィリピン）またはN3（ベトナム）以上の認定が必要です。

詳しくは厚生労働省ホームページを見てください。

認定の目安

日本語能力試験にはN1、N2、N3、N4、N5の5つのレベルがあります。一番易しいレベルがN5で、一番難しいレベルがN1です。

日本語能力試験のレベル認定の目安は、下の表のように「読む」「聞く」という言語行動で表します。表には記述していませんが、それぞれの言語行動を実現するための、文字・語彙・文法などの言語知識も必要です。

レベル	認定の目安
N1	**幅広い場面で使われる日本語を理解することができる** **読む**・幅広い話題について書かれた新聞の論説、評論など、論理的にやや複雑な文章や抽象度の高い文章などを読んで、文章の構成や内容を理解することができる。 ・さまざまな話題の内容に深みのある読み物を読んで、話の流れや詳細な表現意図を理解することができる。 **聞く**・幅広い場面において自然なスピードの、まとまりのある会話やニュース、講義を聞いて、話の流れや内容、登場人物の関係や内容の論理構成などを詳細に理解したり、要旨を把握したりすることができる。
N2	**日常的な場面で使われる日本語の理解に加え、より幅広い場面で使われる日本語をある程度理解することができる** **読む**・幅広い話題について書かれた新聞や雑誌の記事・解説、平易な評論など、論旨が明快な文章を読んで文章の内容を理解することができる。 ・一般的な話題に関する読み物を読んで、話の流れや表現意図を理解することができる。 **聞く**・日常的な場面に加えて幅広い場面で、自然に近いスピードの、まとまりのある会話やニュースを聞いて、話の流れや内容、登場人物の関係を理解したり、要旨を把握したりすることができる。
N3	**日常的な場面で使われる日本語をある程度理解することができる** **読む**・日常的な話題について書かれた具体的な内容を表す文章を、読んで理解することができる。 ・新聞の見出しなどから情報の概要をつかむことができる。 ・日常的な場面で目にする難易度がやや高い文章は、言い換え表現が与えられれば、要旨を理解することができる。 **聞く**・日常的な場面で、やや自然に近いスピードのまとまりのある会話を聞いて、話の具体的な内容を登場人物の関係などとあわせてほぼ理解できる。
N4	**基本的な日本語を理解することができる** **読む**・基本的な語彙や漢字を使って書かれた日常生活の中でも身近な話題の文章を、読んで理解することができる。 **聞く**・日常的な場面で、ややゆっくりと話される会話であれば、内容がほぼ理解できる。
N5	**基本的な日本語をある程度理解することができる** **読む**・ひらがなやカタカナ、日常生活で用いられる基本的な漢字で書かれた定型的な語句や文、文章を読んで理解することができる。 **聞く**・教室や、身の回りなど、日常生活の中でもよく出会う場面で、ゆっくり話される短い会話であれば、必要な情報を聞き取ることができる。

むずかしい ← → やさしい

83

5 試験科目と試験（解答）時間

N1とN2の試験科目は「言語知識（文字・語彙・文法）・読解」と「聴解」の2科目です。

N3、N4、N5の試験科目は「言語知識（文字・語彙）」「言語知識（文法）・読解」「聴解」の3科目です。

各レベルの試験科目と試験（解答）時間は下のとおりです。

レベル	試験科目 （試験［解答］時間）		
N1	言語知識（文字・語彙・文法）・読解 （110分）		聴解 （60分）
N2	言語知識（文字・語彙・文法）・読解 （105分）		聴解 （50分）
N3	言語知識（文字・語彙） （30分）	言語知識（文法）・読解 （70分）	聴解 （40分）
N4	言語知識（文字・語彙） （30分）	言語知識（文法）・読解 （60分）	聴解 （35分）
N5	言語知識（文字・語彙） （25分）	言語知識（文法）・読解 （50分）	聴解 （30分）

※実際の試験では試験（解答）時間に加えて試験の説明時間があります。
※試験（解答）時間は変更される場合があります。また「聴解」は、試験問題の録音の長さによって試験（解答）時間が多少変わります。

6 試験問題の構成と大問のねらい

各試験科目で出題する問題を、測ろうとしている能力ごとにまとめたものを「大問」と呼びます。各大問には、複数の小問が含まれます。また、レベルごとに大問のねらいを定めています。

試験問題の構成

試験科目		大問	N1	N2	N3	N4	N5
言語知識・読解	文字・語彙	漢字読み	○	○	○	○	○
		表記	―	○	○	○	○
		語形成	―	○	―	―	―
		文脈規定	○	○	○	○	○
		言い換え類義	○	○	○	○	○
		用法	○	○	○	○	―
	文法	文の文法1（文法形式の判断）	○	○	○	○	○
		文の文法2（文の組み立て）	○	○	○	○	○
		文章の文法	○	○	○	○	○
	読解	内容理解（短文）	○	○	○	○	○
		内容理解（中文）	○	○	○	○	○
		内容理解（長文）	○	―	○	―	―
		統合理解	○	○	―	―	―
		主張理解（長文）	○	―	―	―	―
		情報検索	○	○	○	○	○
聴解		課題理解	○	○	○	○	○
		ポイント理解	○	○	○	○	○
		概要理解	○	○	○	―	―
		発話表現	―	―	○	○	○
		即時応答	○	○	○	○	○
		統合理解	○	○	―	―	―

N1 大問のねらい

試験科目 (試験[解答]時間)	問題の構成			
		大問		ねらい
言語知識・読解 (110分)	文字・語彙	1	漢字読み	漢字で書かれた語の読み方を問う
		2	文脈規定	文脈によって意味的に規定される語が何であるかを問う
		3	言い換え類義	出題される語や表現と意味的に近い語や表現を問う
		4	用法	出題語が文の中でどのように使われるのかを問う
	文法	5	文の文法1 (文法形式の判断)	文の内容に合った文法形式かどうかを判断することができるかを問う
		6	文の文法2 (文の組み立て)	統語的に正しく、かつ、意味が通る文を組み立てることができるかを問う
		7	文章の文法	文章の流れに合った文かどうかを判断することができるかを問う
	読解	8	内容理解 (短文)	生活・仕事などいろいろな話題も含め、説明文や指示文など200字程度のテキストを読んで、内容が理解できるかを問う
		9	内容理解 (中文)	評論、解説、エッセイなど500字程度のテキストを読んで、因果関係や理由などが理解できるかを問う
		10	内容理解 (長文)	解説、エッセイ、小説など1,000字程度のテキストを読んで、概要や筆者の考えなどが理解できるかを問う
		11	統合理解	複数のテキスト(合計600字程度)を読み比べて、比較・統合しながら理解できるかを問う
		12	主張理解 (長文)	社説、評論など抽象性・論理性のある1,000字程度のテキストを読んで、全体として伝えようとしている主張や意見がつかめるかを問う
		13	情報検索	広告、パンフレット、情報誌、ビジネス文書などの情報素材(700字程度)の中から必要な情報を探し出すことができるかを問う
聴解 (60分)		1	課題理解	まとまりのあるテキストを聞いて、内容が理解できるかどうかを問う(具体的な課題解決に必要な情報を聞き取り、次に何をするのが適当か理解できるかを問う)
		2	ポイント理解	まとまりのあるテキストを聞いて、内容が理解できるかどうかを問う(事前に示されている聞くべきことをふまえ、ポイントを絞って聞くことができるかを問う)
		3	概要理解	まとまりのあるテキストを聞いて、内容が理解できるかどうかを問う(テキスト全体から話者の意図や主張などが理解できるかを問う)
		4	即時応答	質問などの短い発話を聞いて、適切な応答が選択できるかを問う
		5	統合理解	長めのテキストを聞いて、複数の情報を比較・統合しながら、内容が理解できるかを問う

N2 大問のねらい

試験科目 (試験[解答]時間)	問題の構成			
		大問		ねらい
言語知識・読解 (105分)	文字・語彙	1	漢字読み	漢字で書かれた語の読み方を問う
		2	表記	ひらがなで書かれた語が、漢字でどのように書かれるかを問う
		3	語形成	派生語や複合語の知識を問う
		4	文脈規定	文脈によって意味的に規定される語が何であるかを問う
		5	言い換え類義	出題される語や表現と意味的に近い語や表現を問う
		6	用法	出題語が文の中でどのように使われるのかを問う
	文法	7	文の文法1 (文法形式の判断)	文の内容に合った文法形式かどうかを判断することができるかを問う
		8	文の文法2 (文の組み立て)	統語的に正しく、かつ、意味が通る文を組み立てることができるかを問う
		9	文章の文法	文章の流れに合った文かどうかを判断することができるかを問う
	読解	10	内容理解(短文)	生活・仕事などいろいろな話題も含め、説明文や指示文など200字程度のテキストを読んで、内容が理解できるかを問う
		11	内容理解(中文)	比較的平易な内容の評論、解説、エッセイなど500字程度のテキストを読んで、因果関係や理由、概要や筆者の考え方などが理解できるかを問う
		12	統合理解	比較的平易な内容の複数のテキスト(合計600字程度)を読み比べて、比較・統合しながら理解できるかを問う
		13	主張理解(長文)	論理展開が比較的明快な評論など、900字程度のテキストを読んで、全体として伝えようとしている主張や意見がつかめるかを問う
		14	情報検索	広告、パンフレット、情報誌、ビジネス文書などの情報素材(700字程度)の中から必要な情報を探し出すことができるかを問う
聴解 (50分)		1	課題理解	まとまりのあるテキストを聞いて、内容が理解できるかどうかを問う(具体的な課題解決に必要な情報を聞き取り、次に何をするのが適当か理解できるかを問う)
		2	ポイント理解	まとまりのあるテキストを聞いて、内容が理解できるかどうかを問う(事前に示されている聞くべきことをふまえ、ポイントを絞って聞くことができるかを問う)
		3	概要理解	まとまりのあるテキストを聞いて、内容が理解できるかどうかを問う(テキスト全体から話者の意図や主張などが理解できるかを問う)
		4	即時応答	質問などの短い発話を聞いて、適切な応答が選択できるかを問う
		5	統合理解	長めのテキストを聞いて、複数の情報を比較・統合しながら、内容が理解できるかを問う

N3 大問のねらい

試験科目（試験［解答］時間）	問題の構成			
	大問			ねらい
言語知識（30分）	文字・語彙	1	漢字読み	漢字で書かれた語の読み方を問う
		2	表記	ひらがなで書かれた語が、漢字でどのように書かれるかを問う
		3	文脈規定	文脈によって意味的に規定される語が何であるかを問う
		4	言い換え類義	出題される語や表現と意味的に近い語や表現を問う
		5	用法	出題語が文の中でどのように使われるのかを問う
言語知識・読解（70分）	文法	1	文の文法1（文法形式の判断）	文の内容に合った文法形式かどうかを判断することができるかを問う
		2	文の文法2（文の組み立て）	統語的に正しく、かつ、意味が通る文を組み立てることができるかを問う
		3	文章の文法	文章の流れに合った文かどうかを判断することができるかを問う
	読解	4	内容理解（短文）	生活・仕事などいろいろな話題も含め、説明文や指示文など150～200字程度の書き下ろしのテキストを読んで、内容が理解できるかを問う
		5	内容理解（中文）	書き下ろした解説、エッセイなど350字程度のテキストを読んで、キーワードや因果関係などが理解できるかを問う
		6	内容理解（長文）	解説、エッセイ、手紙など550字程度のテキストを読んで、概要や論理の展開などが理解できるかを問う
		7	情報検索	広告、パンフレットなどの書き下ろした情報素材（600字程度）の中から必要な情報を探し出すことができるかを問う
聴解（40分）		1	課題理解	まとまりのあるテキストを聞いて、内容が理解できるかどうかを問う（具体的な課題解決に必要な情報を聞き取り、次に何をするのが適当か理解できるかを問う）
		2	ポイント理解	まとまりのあるテキストを聞いて、内容が理解できるかどうかを問う（事前に示されている聞くべきことをふまえ、ポイントを絞って聞くことができるかを問う）
		3	概要理解	まとまりのあるテキストを聞いて、内容が理解できるかどうかを問う（テキスト全体から話者の意図や主張などが理解できるかを問う）
		4	発話表現	イラストを見ながら、状況説明を聞いて、適切な発話が選択できるかを問う
		5	即時応答	質問などの短い発話を聞いて、適切な応答が選択できるかを問う

N4 大問のねらい

試験科目 (試験[解答]時間)			問題の構成	
			大問	ねらい
言語知識 (30分)	文字・語彙	1	漢字読み	漢字で書かれた語の読み方を問う
		2	表記	ひらがなで書かれた語が、漢字でどのように書かれるかを問う
		3	文脈規定	文脈によって意味的に規定される語が何であるかを問う
		4	言い換え類義	出題される語や表現と意味的に近い語や表現を問う
		5	用法	出題語が文の中でどのように使われるのかを問う
言語知識・読解 (60分)	文法	1	文の文法1 (文法形式の判断)	文の内容に合った文法形式かどうかを判断することができるかを問う
		2	文の文法2 (文の組み立て)	統語的に正しく、かつ、意味が通る文を組み立てることができるかを問う
		3	文章の文法	文章の流れに合った文かどうかを判断することができるかを問う
	読解	4	内容理解(短文)	学習・生活・仕事に関連した話題・場面の、やさしく書き下ろした100〜200字程度のテキストを読んで、内容が理解できるかを問う
		5	内容理解(中文)	日常的な話題・場面を題材にやさしく書き下ろした450字程度のテキストを読んで、内容が理解できるかを問う
		6	情報検索	案内やお知らせなど書き下ろした400字程度の情報素材の中から必要な情報を探し出すことができるかを問う
聴解 (35分)		1	課題理解	まとまりのあるテキストを聞いて、内容が理解できるかどうかを問う(具体的な課題解決に必要な情報を聞き取り、次に何をするのが適当か理解できるかを問う)
		2	ポイント理解	まとまりのあるテキストを聞いて、内容が理解できるかどうかを問う(事前に示されている聞くべきことをふまえ、ポイントを絞って聞くことができるかを問う)
		3	発話表現	イラストを見ながら、状況説明を聞いて、適切な発話が選択できるかを問う
		4	即時応答	質問などの短い発話を聞いて、適切な応答が選択できるかを問う

N5 大問のねらい

試験科目 (試験[解答]時間)			問題の構成	
			大問	ねらい
言語知識 (25分)	文字・語彙	1	漢字読み	漢字で書かれた語の読み方を問う
		2	表記	ひらがなで書かれた語が、漢字・カタカナでどのように書かれるかを問う
		3	文脈規定	文脈によって意味的に規定される語が何であるかを問う
		4	言い換え類義	出題される語や表現と意味的に近い語や表現を問う
言語知識・読解 (50分)	文法	1	文の文法1 (文法形式の判断)	文の内容に合った文法形式かどうかを判断することができるかを問う
		2	文の文法2 (文の組み立て)	統語的に正しく、かつ、意味が通る文を組み立てることができるかを問う
		3	文章の文法	文章の流れに合った文かどうかを判断することができるかを問う
	読解	4	内容理解（短文）	学習・生活・仕事に関連した話題・場面の、やさしく書き下ろした80字程度のテキストを読んで、内容が理解できるかを問う
		5	内容理解（中文）	日常的な話題・場面を題材にやさしく書き下ろした250字程度のテキストを読んで、内容が理解できるかを問う
		6	情報検索	案内やお知らせなど書き下ろした250字程度の情報素材の中から必要な情報を探し出すことができるかを問う
聴解 (30分)		1	課題理解	まとまりのあるテキストを聞いて、内容が理解できるかどうかを問う（具体的な課題解決に必要な情報を聞き取り、次に何をするのが適当か理解できるかを問う）
		2	ポイント理解	まとまりのあるテキストを聞いて、内容が理解できるかどうかを問う（事前に示されている聞くべきことをふまえ、ポイントを絞って聞くことができるかを問う）
		3	発話表現	イラストを見ながら、状況説明を聞いて、適切な発話が選択できるかを問う
		4	即時応答	質問などの短い発話を聞いて、適切な応答が選択できるかを問う

7 試験科目と得点区分

　試験結果は、下の表の得点区分にしたがって表示します。N1、N2、N3 の得点区分は「言語知識（文字・語彙・文法）」「読解」「聴解」の 3 区分です。N4、N5 の得点区分は「言語知識（文字・語彙・文法）・読解」と「聴解」の 2 区分です。

　試験を受けるときの「試験科目」と、試験結果を受け取るときの「得点区分」は、下の表のように対応しています。試験科目と得点区分は一致しませんので注意してください。

レベル	試験科目		得点区分	得点の範囲
N1 N2	①言語知識（文字・語彙・文法）・読解 ②聴解	⇒	①言語知識（文字・語彙・文法）	0～60
			②読解	0～60
			③聴解	0～60
			総合得点	0～180
N3	①言語知識（文字・語彙） ②言語知識（文法）・読解 ③聴解	⇒	①言語知識（文字・語彙・文法）	0～60
			②読解	0～60
			③聴解	0～60
			総合得点	0～180
N4 N5	①言語知識（文字・語彙） ②言語知識（文法）・読解 ③聴解	⇒	①言語知識（文字・語彙・文法）・読解	0～120
			②聴解	0～60
			総合得点	0～180

8 試験の結果

(1) 合否判定

合格するためには、①総合得点が合格に必要な点（＝合格点）以上であること、②各得点区分の得点が、区分ごとに設けられた合格に必要な点（＝基準点）以上であること、の二つが必要です。一つでも基準点に達していない得点区分がある場合は、総合得点がどんなに高くても不合格になります。

N1～N3とN4・N5は、得点区分が異なります。各レベルの合格点及び基準点は下の表のとおりです。

レベル	総合得点		得点区分別得点					
			言語知識（文字・語彙・文法）		読解		聴解	
	得点の範囲	合格点	得点の範囲	基準点	得点の範囲	基準点	得点の範囲	基準点
N1	0～180点	100点	0～60点	19点	0～60点	19点	0～60点	19点
N2	0～180点	90点	0～60点	19点	0～60点	19点	0～60点	19点
N3	0～180点	95点	0～60点	19点	0～60点	19点	0～60点	19点

レベル	総合得点		得点区分別得点			
			言語知識（文字・語彙・文法）・読解		聴解	
	得点の範囲	合格点	得点の範囲	基準点	得点の範囲	基準点
N4	0～180点	90点	0～120点	38点	0～60点	19点
N5	0～180点	80点	0～120点	38点	0～60点	19点

(2) 結果の通知

日本国内での受験者には、全員に「合否結果通知書」（以下「通知書」と言います）を送ります。海外での受験者には、全員に「日本語能力試験認定結果及び成績に関する証明書」（以下「証明書」と言います）を送ります。また、合格者には、「日本語能力認定書」（以下「認定書」と言います）を送ります。日本国内、韓国、台湾、中国で受験し合格した人の認定書には顔写真が載っています。

通知書、証明書では、合格、不合格のほかに、試験の得点を下のように表示しています。結果の見かたは下のとおりです。

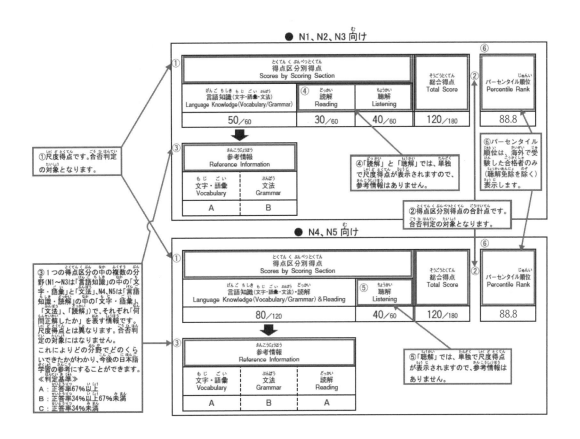

一つでも受験した試験科目があれば、通知書または証明書は届きますが、一科目でも欠席すると受験した試験科目も含めて全ての試験科目が採点の対象外となり、不合格になります。その場合、全ての試験科目の得点欄に「＊＊／60」のように＊（アスタリスク）が表示されます。全ての試験科目を欠席した人には、成績書類は届きません。

日本語能力試験の得点は尺度得点です。尺度得点についての詳しい説明は日本語能力試験公式ウェブサイト <www.jlpt.jp/about/pdf/scaledscore_j.pdf> を見てください。

海外で受験した合格者（聴解免除を除く）の証明書には、その試験を含む過去6回の全受験者の中での「パーセンタイル順位」（あなたの得点に満たない受験者は全体の何パーセントを占めているか）が表示されます。

9 よくある質問

(1) 試験について

Q. 日本語能力試験はどんな試験ですか。

A. 日本語能力試験は、原則として日本語を母語としない人を対象に、日本国内及び海外で、日本語能力を測定し、認定することを目的としています。

Q. どんな人が受験できますか。

A. 母語が日本語でない人なら、だれでも受験できます。日本国籍を持っているかどうかは関係がありません。年齢制限もありません。

Q. 身体等に障害がある人の受験はできますか。

A. はい、できます。身体等に障害がある人のために、受験上の配慮を行います。受験地の実施機関に問い合わせてください。受験上の配慮を希望する人は、申し込みのとき、願書といっしょに「受験上の配慮申請書」を出す必要があります。

Q. 試験は年に何回行われますか。

A. 7月と12月の2回です。ただし海外では、7月の試験だけ行う都市や、12月の試験だけ行う都市があります。受験したい都市でいつ試験を行うかについては、日本語能力試験公式ウェブサイトの「海外の実施都市・実施機関一覧」<www.jlpt.jp/application/overseas_list.html>を見てください。

Q. 試験はどこで受けられますか。

A. 日本では、47都道府県で受験することができます。海外で受験する人は、日本語能力試験公式ウェブサイトの「海外の実施都市・実施機関一覧」<www.jlpt.jp/application/overseas_list.html> で試験を行う都市を調べることができます。

Q. 全部ではなく、一部の試験科目だけを申し込むことができますか。

A. いいえ、できません。

Q. 受験料、申し込み期限、願書の入手方法など、申し込みのための具体的な手続きを教えてください。

A. 日本で受験したい人は日本国際教育支援協会のウェブサイト＜ info.jees-jlpt.jp ＞を見てください。海外で受験したい人は受験地の実施機関に問い合わせてください。海外の実施機関は日本語能力試験公式ウェブサイト＜www.jlpt.jp＞で確認できます。

Q. 申し込みのとき、試験を受けたい国・地域にいませんが、どうしたらいいですか。

A. 必ず受験地の実施機関に申し込みをしてください。受験地によって申し込みの方法がちがいます。受験地の実施機関に問い合わせてください。自分で申し込みができなかったら、受験地の友だちや知っている人にたのんでください。

Q. 日本語能力試験の主催者はどこですか。

A. 国際交流基金と日本国際教育支援協会です。
国内においては日本国際教育支援協会が、海外においては国際交流基金が各地の実施機関の協力を得て、実施しています。
台湾では、公益財団法人日本台湾交流協会との共催で実施しています。

Q. 日本語能力試験の最新の情報はどこでわかりますか。

A. 日本語能力試験公式ウェブサイト＜ www.jlpt.jp ＞を見てください。

(2) レベルについて

Q. どの受験者もみんな同じ問題を受けて、その結果からレベルが判定されるのですか。

A. いいえ。レベル（N1～N5）によって試験問題がちがいます。その人の日本語能力をできるだけ正確に測るために、レベルごとにちがう問題が用意されています。自分に合ったレベルを選んで受験してください。

Q. 受験するレベルはどのように決めればいいですか。

A. 「❹認定の目安」を参考にしてください。また、この問題集で実際に試験に出るのと同じ形式の問題を解きながら、具体的にレベルを確かめてください。

(3) 試験科目と試験(解答)時間、試験問題について

Q. 日本語能力試験には、会話や作文の試験がありますか。
A. いいえ、今のところ、どちらもありません。

Q. 試験科目や試験(解答)時間はどうなっていますか。
A. 「 ❺ 試験科目と試験(解答)時間」のとおりです。

Q. N1とN2の試験科目「言語知識（文字・語彙・文法）・読解」が、N3、N4、N5で「言語知識（文字・語彙）」と「言語知識（文法）・読解」の2つに分かれているのはどうしてですか。
A. N3、N4、N5は、試験に出せる語彙や文法の項目が少ないです。それで、N1とN2のように「言語知識（文字・語彙・文法）・読解」と1つの試験科目にまとめると、いくつかの問題がほかの問題のヒントになることがあります。このことを避けるために、N3、N4、N5では「言語知識（文字・語彙）」と「言語知識（文法）・読解」の2つに試験科目が分かれています。

Q. 日本語能力試験の解答方法は、すべてマークシートですか。
A. はい、多枝選択によるマークシート方式です。選択枝の数はほとんど4つですが、「聴解」では3つの問題もあります。

Q. N1とN2の「聴解」の最後の問題で、問題文に、「この問題には練習はありません」と書かれています。これはどういう意味ですか。
A. 「聴解」のほかの問題には、受験者に問題形式や答え方を理解してもらうための例題がありますが、最後の問題にはそのような例題の練習がないということです。

Q. 日本語能力試験では、日本に関する文化的な知識が必要な問題が出題されますか。
A. 日本に関する文化的な知識そのものを問う問題はありません。文化的な内容が問題に含まれる場合もありますが、その知識がなければ解答できないような問題は出題していません。

Q. 試験の問題用紙は、試験終了後、持ち帰ることができますか。
A. 試験の問題用紙を持ち帰ることはできません。問題用紙を持ち帰ると失格になります。

Q. 試験が終わった後で、正解を知ることはできますか。
A. 正解は公開していません。

Q. 過去に出題された試験問題は出版されますか。
A. 毎回の試験をそのまま問題集として出版することはしませんが、2010年に改定した日本語能力試験についてこれまでにこの問題集を含めて2集の『日本語能力試験公式問題集』が発行されています。『日本語能力試験公式問題集』（2012年発行）とこの『日本語能力試験公式問題集　第二集』（2018年発行）には、2010年の改定後実際に出題した試験問題の中から、それぞれ各レベルとも試験1回分に相当する数の問題が掲載されています。
今後も一定期間ごとに、過去に出題した試験問題を使って問題集を発行する予定です。発行時期などは、日本語能力試験公式ウェブサイト <www.jlpt.jp> などで発表します。

Q. 日本語能力試験の試験問題の著作権は、だれが所有しますか。
A. 試験問題の著作権は、主催者の国際交流基金と日本国際教育支援協会が所有します。
本書を無断で転載・複写・複製することは法律で固く禁じられています。
また、試験問題の一部には、第三者の著作物が含まれています。当該第三者の著作物が含まれる部分を使用される場合は、別途著作権者の承諾が必要となります。

(4) 得点と合否判定について

Q. 試験の得点はどのように出されますか。
A. 各レベルの得点区分と得点の範囲は「⑦試験科目と得点区分」のとおりです。

Q. 試験の結果を受け取ると、N4、N5では、試験科目が別々だった「言語知識（文字・語彙）」と「言語知識（文法）・読解」が、1つの得点区分にまとまっています。どうしてですか。
A. 日本語学習の基礎段階にあるN4、N5では、「言語知識」と「読解」の能力で重なる部分、未分化な部分が多いです。それで、「言語知識」と「読解」の得点を別々に出すよりも、合わせて出す方が学習段階の特徴に合っていると考えているためです。

Q. それぞれの得点区分の中で、各問題の配点はどのようになっていますか。

A. 試験の中には、各問題の配点を決めておき、正解した問題の配点を合計して、得点を出す方式もありますが、日本語能力試験は、「項目応答理論」に基づいた尺度得点方式なので、問題ごとの配点を合計するという方法ではありません。尺度得点についての詳しい説明は日本語能力試験公式ウェブサイト <www.jlpt.jp/about/pdf/scaledscore_j.pdf> を見てください。

Q. 試験の結果をもらったら、思っていた得点と違ったのですが、確かめてもらえますか。

A. 一人一人の得点は、機械処理だけではなく、専門家による厳正な点検をして出しています。受験案内に明記されているように、個別の成績に関する問い合わせには、一切答えられません。なお、日本語能力試験の得点は「尺度得点」という得点です。「尺度得点」は、受験者一人一人の「解答のパターン」をもとに出す得点です。「正解した問題の数」から出される得点ではありません。そのため、自分で思っていた得点とは違う結果になることもあります。尺度得点についての詳しい説明は日本語能力試験公式ウェブサイト <www.jlpt.jp/about/pdf/scaledscore_j.pdf> を見てください。

Q. 結果をもらい、得点はわかりましたが、自分が受験者全体の中でどのくらいの位置だったのか知りたいです。

A. 日本語能力試験公式ウェブサイトの「過去の試験のデータ」<www.jlpt.jp/statistics/archive.html> の各回の試験の詳しい資料に、「尺度得点累積分布図」というグラフが載っています。結果に書かれている尺度得点とこのグラフを使うと、自分と同じ試験を受けた（2016年第1回（7月）試験からは、受けた試験を含む過去6回の）受験者全体の中で、自分がどの位置にいるかを知ることができます。

海外で受験した合格者（聴解免除を除く）の成績証明書には、その試験を含む過去6回の全受験者の中での「パーセンタイル順位」（あなたの得点に満たない受験者は全体の何パーセントを占めているか）を表示しています。

Q. どうして、合格するために、①総合得点が合格点以上で、②すべての得点区分の得点が基準点以上であることが必要なのですか。

A. 「言語知識」「読解」「聴解」のどの要素の能力もそれぞれ一定程度備えているかどうか、評価するためです。

Q. 受験しない試験科目があったら、どうなりますか。
A. 受験すべき試験科目のうち、1つでも受験しない試験科目があると、不合格になります。「合否結果通知書」または「日本語能力試験認定結果及び成績に関する証明書」は届きますが、受験した試験科目も含めてすべての試験科目の得点が出ません。

Q. ある得点区分が基準点に届かなくて不合格になったら、その次の試験で、その得点区分に対応している試験科目だけを受験して、基準点以上の点をとれば合格になりますか。
A. いいえ。合格・不合格の判定は、1回の試験ごとに、すべての試験科目を受験した人を対象に行います。ですから、基準点を上回らなかった得点区分に対応している試験科目だけを次の試験で受験しても、合格・不合格の判定ができません。次の試験ですべての試験科目を受験して、①総合得点が合格点以上で、②すべての得点区分の得点が基準点以上なら合格です。

(5) 試験の結果について

Q. 試験の結果はいつ、どのようにもらえますか。
A. 合格者には「日本語能力認定書」を交付します。また、日本国内での受験者全員に「合否結果通知書」を送ります。海外での受験者には「日本語能力試験認定結果及び成績に関する証明書」を全員に交付します。日本国内の場合、第1回試験（7月）の結果は9月上旬、第2回試験（12月）の結果は2月上旬に送る予定です。海外の場合は、受験地の実施機関を通じて交付されますので、第1回試験（7月）の結果は10月上旬、第2回試験（12月）の結果は3月上旬に受験者に届く予定です。その月が終わるころになっても届かない場合は、受験地の実施機関に問い合わせてください。
また、試験の結果はインターネットで見ることができます（日本での受験者はインターネット申込者のみ）。第1回試験（7月）は8月末、第2回試験（12月）は1月末に確認できる予定です。見られる期間と内容は、受験した場所によって異なります。日本語能力試験公式ウェブサイトの「試験結果発表」<www.jlpt.jp/guideline/results_online.html> を見てください。

Q. 電話やメールで試験の結果を教えてもらえますか。
A. できません。

Q. 日本語能力試験の認定に有効期限はありますか。
A. 日本語能力試験の認定に有効期限はありません。ただし、試験の結果を参考にする会社や学校が有効期限を決めている場合があるようです。必要に応じて会社や学校に個別に確認してください。

Q. 日本語能力試験の結果は、日本の大学で入学試験の参考資料として使われますか。

A. 日本語能力試験の結果を参考にしている大学もあります。詳しくは志望校に直接問い合わせてください。

Q. 勤務先から日本語能力を公的に証明できる書類を提出するように言われました。過去の受験結果について、証明書の発行が受けられますか。

A. 所定の手続きを行えば、希望者には「日本語能力試験認定結果及び成績に関する証明書」を発行しています。申請方法は、日本で受験した人は日本国際教育支援協会のウェブサイト <info.jees-jlpt> を見てください。海外で受験した人は日本語能力試験公式ウェブサイト <www.jlpt.jp> を見てください。

日本語能力試験　公式問題集　第二集　N2

2018 年 12 月 28 日　初版第 1 刷発行
2024 年　6 月 28 日　初版第 3 刷発行

著作・編集　　　独立行政法人　国際交流基金
　　　　　　　　URL　https://www.jpf.go.jp/

　　　　　　　　公益財団法人　日本国際教育支援協会
　　　　　　　　URL　http://www.jees.or.jp/

　　　　　　　　　　日本語能力試験公式ウェブサイト
　　　　　　　　　　URL　https://www.jlpt.jp/

発行　　　　　　株式会社　凡人社
　　　　　　　　〒102-0093　東京都千代田区平河町 1-3-13
　　　　　　　　電話　03-3263-3959
　　　　　　　　URL　https://www.bonjinsha.com/

印刷　　　　　　倉敷印刷株式会社

ISBN 978-4-89358-937-8
©2018 The Japan Foundation, and Japan Educational Exchanges and Services
Printed In Japan
定価は表紙に表示してあります。
落丁・乱丁本はお取り替えいたします。
本書の一部あるいは全部について著作者から文書による承諾を得ずに、いかなる
方法においても、無断で転載・複写・複製することは法律で固く禁じられています。